Bergwanderungen, Gipfelziele und Höhenwege in den Allgäuer Alpen

60 Bergtouren vom Kleinwalsertal über Oberstdorf bis zum Tannheimer Tal

von Tobias Sessler

Abbildungen auf dem Einband:

Vorderseite - Großer Widderstein vom Höferspitzgrat
Rückseite - Tannheimer Berge vom Haldensee

Text, Fotos, Grafik und Layout: Tobias Sessler
Herstellung und Verlag: Books on Demand GmbH, Norderstedt

ISBN 3-8334-2643-8

Inhaltsverzeichnis

Einleitung

Routenverzeichnis

○ Touren mit Infoblock und Routennetzplan
● Touren mit Infoblock, Routennetzplan und Detailbeschreibung

Wetterinformationen Allgäuer Alpen

Der Deutsche Wetterdienst (DWD - Station Oberstdorf) veröffentlicht einen aktuellen und ausführlichen Allgäu-Wetterbericht unter ☎ 0049/8322/1221 (Hotline, aus Deutschland ist die Landesvorwahl wegzulassen und der Ortsvorwahl eine "0" voranzustellen). Auf der Internetseite 🖫 www.oberstdorf.de befinden sich ein Wetterbericht und eine Vorhersage des Deutschen Wetterdienstes (DWD - Regionalzentrale München). Visuelle Informationen (LiveCams) zu verschiedenen Gebirgsgruppen liefert u.a. das "Alpen- bzw. Wetterpanorama", welches täglich auf den Fernsehsendern Bayerischer Rundfunk (BR) 3, Österreichischer Rundfunk (ORF) 2 und 3sat in den Morgenstunden ausgestrahlt wird. Zahlreiche private Internetseiten (z.B. die Angebote diverser Bergbahnen) verfügen ebenfalls über WebCams, die aufschlussreiche Hinweise zu Altschneelagen und momentaner Bewölkung vermitteln. Nicht zuletzt befinden sich im Videotext und in allen regionalen Tageszeitungen zuverlässige Wetterberichte und Prognosen.

Schwierigkeiten / Klassifizierung

Die indexierten Gipfelzustiege, Bergwanderungen, Höhenwege und Klettersteige wurden im Rahmen einer dreifachen Abstufung bezüglich ihrer "Gesamtschwierigkeit" bewertet. Insofern nehmen, neben der gehtechnischen Grundproblematik, auch konditionelle Anforderungen oder Strukturmerkmale des Geländes Einfluss auf die Klassifizierung der Wegführungen. Alle Einstufungen sind subjektiver Natur und verstehen sich lediglich als Orientierungshilfe - es entscheiden stets die Fähigkeiten des jeweiligen Bergwanderers bzw. Bergsteigers über die individuelle Eignung einer Tour. Letztendlich muss, gerade vor gefährlicheren Stellen, eine entsprechende Risikoabschätzung durch persönliche Inaugenscheinnahme (im Zweifelsfall ist ein Abbruch der Tour die richtige Entscheidung) vorgenommen werden.
Neben dem eigenen Können, sind stets die aktuellen objektiven Gegebenheiten (z.B. Nässe, Nebel, Schneefelder, Vereisung) zu berücksichtigen. Die nachfolgend verwendeten Bewertungen und Beschreibungen beziehen sich immer auf Normalverhältnisse bei günstiger Jahreszeit (Hochsommer) und optimaler Witterung (trocken, schneefrei). Nahezu alle Routen werden schon bei geringer Nässe bedeutend gefährlicher und können insofern nicht mehr empfohlen werden! Zudem bleibt beachtenswert, dass sich der Charakter, z.B. durch natürliche Felsausbrüche, Verlegungen oder Rückbau von Sicherungen, Markierungen bzw. Tritthilfen, jederzeit ändern kann.
Alle Einstufungen gelten für die jeweilige Haupttour und nicht für evtl. angegebene Alternativen. Die bereits in den Klassifizierungen enthaltenen Anforderungen (z.B. grundlegende Trittsicherheit) werden im Rahmen der Tourenbeschreibungen nicht nochmals wiederholt. Der Text enthält nur dann einen entsprechenden Hinweis, wenn (nach subjektiver Beurteilung) ein besonders hoher Anspruch zu erwarten ist.
Da sich dieses Buch vorrangig an den "Normalbergwanderer" bzw. "Normalbergsteiger" richtet, wurden grundsätzlich nur Routen aufgenommen, die den UIAA-Schwierigkeitsgrad I (im Ausnahmefall Einzelstellen II) (S. 07) nicht überschreiten. Daher übersteigen auch die Anforderungen der beschriebenen (und besonders gekennzeichneten) Klettersteige nur in geringem Maße die einer anspruchsvollen Bergtour. Gemäß dieser Richtlinie wurden beispielsweise der *Mindelheimer*- und der *Hindelanger Klettersteig* nicht aufgenommen - der *Heilbronner Weg*, die *Hohen Gänge*, der *Bäumenheimer Weg* und der *Friedberger Klettersteig* sind jedoch (insofern als obere Anspruchsgrenze dieses Führers) verzeichnet.

1 **Leichte Bergtouren und Spaziergänge**

Eine Bergtour wird in diesem Führer als leicht bewertet, wenn sie in der Summe ihrer Eigenschaften relativ geringe Anforderungen an den Bergwanderer stellt. Die (geh-) technischen und konditionellen Belange sind reduziert - einzelne Stellen können dennoch etwas Trittsicherheit und ein Mindestmaß an

Schwindelfreiheit erfordern. Alpine Gefahren sind in der Regel kaum relevant, können aber nicht ausgeschlossen werden.

2

Mittelschwere Bergtouren

Eine Bergtour wird in diesem Führer als mittelschwer bewertet, wenn sie in der Summe ihrer Eigenschaften hochgebirgstypische Anforderungen an den Bergwanderer stellt. Es sind längere Wegabschnitte im steileren Felsgelände, in Geröll oder Grasflanken zu erwarten, die entsprechende Trittsicherheit, Kondition, etwas Orientierungsgabe (bis auf wenige Ausnahmen sind jedoch gute Markierungen vorhanden) und oftmals ein Mindestmaß an Schwindelfreiheit fordern. Dies gilt (insbesondere) auch für ausgesetzte Abschnitte auf Graten. Einzelstellen der Steige können mittels Drahtseil bzw. Kette gesichert sein und / oder leichte Kletterei (der Volksmund würde von "Kraxelei" sprechen) erfordern. Insgesamt stellt die Bewertungsstufe im oberen Bereich bereits einen fließenden Übergang zwischen alpiner Wanderung und (einfacher) Bergsteiger-Tour dar. Diverse Routen eignen sich, aufgrund besonders gefährlicher Einzelstellen, nur für den geübten Geher. Grundsätzlich muss mit alpinen Gefahren gerechnet werden.

3

Anspruchsvolle Bergtouren

Eine Bergtour wird in diesem Führer als anspruchsvoll bewertet, wenn sie in der Summe ihrer Eigenschaften höhere Anforderungen an den Bergsteiger stellt. Der Anspruch leitet sich hierbei von den erheblichen konditionellen Erfordernissen und / oder den technischen Schwierigkeiten bzw. alpinen Gefahren der zu begehenden Route ab. Die Wegführungen eignen sich grundsätzlich nur für geübte Geher, denn die Struktur des (oftmals objektiv besonders gefährlichen) Geländes verlangt in der Regel ein hohes Maß an Kondition, Trittsicherheit, Orientierungsgabe und Schwindelfreiheit. Insofern ist die sprachliche Verwendung des Begriffs "Bergwanderung" hier nur noch sehr eingeschränkt zulässig.

K

Klettersteige (ohne höheren technischen Anspruch)

Eine Bergtour wird in diesem Führer zusätzlich als (mäßig schwieriger) Klettersteig für Geübte gekennzeichnet, wenn sie einfache Kletterei erfordert und typischerweise mit zahlreichen Steighilfen (Leitern, Eisenklammern, Trittstiften usw.) und den entsprechenden Drahtseilen zur Selbstsicherung versehen wurde. Die in diesem Buch dargestellten Routen verlangen nur rudimentäre Kletterfähigkeiten - sind also im Sinne des "echten" Sportkletterns ohne besonderen Anspruch. Dennoch sind absolute Trittsicherheit und Schwindelfreiheit unerlässlich. Auch wenn viele Klettersteiggeher bei Routen mit den hier anzutreffenden (klettersteigspezifisch) geringen Schwierigkeiten in der Praxis oftmals auf eine Selbstsicherung verzichten, empfiehlt sich generell die Verwendung einer entsprechenden Schutzausrüstung (Klettersteigset, Gurt und Helm), da die objektiven alpinen Gefahren besonders relevant sind!

Bewertungen der Art **1+** oder **1-** kennzeichnen eine leicht erhöhte bzw. reduzierte Schwierigkeit im Hinblick auf die Grundkategorie.

In den Darstellungen der Bergtouren und Klettersteige findet man bezüglich verschiedener Stellen ab und an konkrete Einstufungen im Sinne der nach oben offenen **UIAA-Skala**, welche eine Schwierigkeitsbewertung für das Felsklettern darstellt. Da der Grad I (im Ausnahmefall Einzelstellen II) nicht überschritten wird, sind im Folgenden (zur Orientierung) die ersten drei Bewertungsstufen genannt.

I **Leicht**

Geringe Schwierigkeiten, wobei die Hände lediglich zur Unterstützung des Gleichgewichts notwendig sind. Es handelt sich jedoch nicht mehr um einfaches Gehgelände. Unter Umständen sollten Anfänger schon hier gesichert werden.

II **Mäßige Schwierigkeiten**

Hier beginnt das Klettern im eigentlichen Sinn des Wortes. 3-Punkte-Haltung mit entsprechendem Einsatz der Hände erforderlich. Insgesamt aber nur mäßige Schwierigkeiten.

III **Mittlere Schwierigkeiten**

Höherer Kraftaufwand, insbesondere an senkrechten Stellen und gutgriffigen Überhängen. In exponierten Passagen sind bereits Zwischensicherungen empfehlenswert.

Bewertungen der Art **I+** oder **I-** kennzeichnen eine leicht erhöhte bzw. reduzierte Schwierigkeit bezüglich der Grundkategorie.

Hinweise zu Sprachgebrauch und Inhalt

Werden in den Tourenbeschreibungen die Begriffe "rechts" oder "links" verwendet, so beziehen sich diese Weisungen stets auf die vermerkte Gehrichtung. Nummerierungen der Art "T 23" entsprechen der Sortierung im vorliegenden Buch und nicht etwaigen Wegkennzeichnungen in der Natur. Geografische Namen können regional durch verschiedene Schreibweisen gekennzeichnet sein. Ab und an kommt es hierbei zu einer erheblichen Verwechslungsgefahr, wie z.B. im Gebiet von *Schüsser* und *Hammerspitzen* (S. 24), die auf einer Benennungskollision zwischen Österreich und Deutschland beruht.

Wird bezüglich einer Tour oder Einzelstelle das Tragen eines Helmes oder einer anderen Schutzausrüstung besonders empfohlen, so bedeutet dies nicht, dass andere Passagen völlig gefahrlos begehbar sind. Entsprechende Grundrisiken sind auf jeder Bergtour stets gegeben. Gleiches gilt für die Kennzeichnung besonders unsicherer Stellen.

Alpine Gefahren

Obwohl die Bergwelt der Allgäuer Alpen bezüglich des markierten Wegenetzes und der Unterkunftshütten sehr gut erschlossen ist, besteht auch hier eine Vielzahl an Gefahrenquellen, wobei an erster Stelle die Wetterlage (Wetteränderung) zu nennen ist. Selbst an einem Sommertag sind, im Rahmen eines Wettersturzes, plötzlicher Schneefall, Gewitter oder Hagel nicht auszuschließen. Ein Verirren im Nebel oder nasse Bergflanken erhöhen die Sturzgefahr - der Temperaturabfall führt schnell zur Auskühlung des Körpers. Mithin versteht es sich von selbst, dass vor einer Bergtour der aktuelle Wetterbericht zu prüfen ist. Führen Sie eine entsprechende Kleidungsreserve bei sich und beachten Sie die Warnungen Einheimischer. Im Zweifelsfall sind die Touren rechtzeitig abzubrechen. Bei drohendem Gewitter müssen Gipfel, Grate, Hochflächen und Abschnitte mit metallischen Elementen besonders zügig verlassen werden.

Potentielle Steinschlaggefahr ist im Gebirge (auch im Wald und auf Wiesen) stets gegeben. Neben der natürlichen Auslösung, wirken sich oftmals die unbedachten Tritte anderer Bergwanderer verhängnisvoll aus. Ein Schutzhelm erhöht die persönliche Sicherheit.

Eine besondere Risikoquelle stellen zusätzlich die sogenannten subjektiven Gefahren dar, welche im eigenen Fehlverhalten begründet sind. Mangelnde Kondition, Unerfahrenheit, Selbstüberschätzung und andere Defizite führen immer wieder zu mehr oder weniger schweren Unfällen. In diesem Zusammenhang wird stets ein Mindestmaß an Trittsicherheit und Schwindelfreiheit vorausgesetzt.

Besondere Vorsicht ist geboten, wenn Kinder an der Tour teilnehmen. Spontanes Verhalten und eine unausgeprägte körperliche Koordinationsgabe können unerwartete Gefahrensituationen schaffen. Im schwierigen bzw. ausgesetzten Gelände ist es daher oftmals geboten, Kinder (und auch Anfänger) mittels Gurt und Seil zu sichern. Kompetente Informationen bzw. entsprechende Ausbildungsangebote hierzu finden Sie u.a. bei den jeweiligen Sektionen der nationalen Alpenvereine.

Ausrüstung

Zur Minimalausrüstung einer Bergtour gehört u.a. funktionsgerechtes Schuhwerk mit stark profilierten (rutschfesten) Sohlen. Berg- oder Trekkingstiefel sind Halbschuhen in jedem Fall vorzuziehen. Wetterumschwüngen begegnet man mit einer Kleidungsreserve, die sowohl Nässe- als auch Kälteschutz bietet. Neben einem ausreichenden Vorrat an Getränken und Nahrungsmitteln, sollten eine topografische

Karte, ein Kompass, ein Erste-Hilfe-Päckchen, eine Uhr und (für den Fall einer zeitlichen Fehlkalkulation) eine Taschenlampe / Stirnlampe im Rucksack mitgeführt werden. Sind Schneefelder oder vereiste Passagen zu erwarten, bietet sich die Verwendung von Grödeln (Einfachsteigeisen) an. Ausgedehnte Touren im abgelegenen Gelände erfordern oftmals die Mitnahme einer Biwakausrüstung und letztendlich kann ein Schutzhelm schon auf vermeintlich harmlosen Bergwanderungen sinnvoll sein.
Trekkingstöcke sind ein nützliches Zubehör, denn sie entlasten Muskulatur und Gelenke. Zudem gewinnt der unsichere Geher koordinative Sicherheit. An steileren Aufschwüngen sind sie aber eher hinderlich.
Klettersteige werden mit einer speziellen Schutzausrüstung (bestehend aus Klettersteigset, Gurt und Helm) sicher begangen. Wir verweisen hierzu auf das Buch "Klettersteigführer - Leichte bis mäßig schwierige Klettersteige in Bayern und Tirol" (Bezugsinfo auf S. 96).

Kartografie

Für Bergtouren (auf markierten Wegführungen) eignen sich topografische Karten mit Maßstäben von 1:25000 bis 1:50000.
Sehr detailliert sind die Alpenvereinskarten *Allgäuer - Lechtaler Alpen West (2/1) und Ost (2/2)* im Maßstab 1:25000. Die Kartenblätter erstrecken sich vom *Fellhorn* (westlicher Rand Karte 2/1) bis *Stanzach* (östlicher Rand Karte 2/2) und von *Oberstdorf* (nördlicher Rand Karte 2/1) bis *Bach im Lechtal* (südlicher Rand Karte 2/2), so dass leider nur ein Teilgebiet der Gebirgsgruppe erfasst wird. Abhilfe schaffen u.a. die (etwas weniger detaillierten, jedoch übersichtlicheren) Publikationen des Kompass-Verlags in den Maßstäben 1:30000 bis 1:50000, denn hier findet sich ein großes Sortiment an Wanderkarten, die z.B. auch die Regionen *Kleinwalsertal*, *Tannheimer Tal* und die Höhenzüge nordöstlich von *Oberstdorf* zuverlässig abdecken. Alternativ bieten sich u.a. auch diverse Karten des Verlags Freytag & Berndt und des Bayerischen Landesvermessungsamtes an.

Höhendifferenzen und Gehzeiten

In der Regel ist davon auszugehen, dass ein normal konditionierter Bergwanderer ca. 250 - 300 hm (Höhenmeter) pro Stunde im Aufstieg absolvieren kann. Für den Abstieg können in etwa doppelte Richtwerte angenommen werden. Letztendlich hat aber die Struktur und Schwierigkeit des Geländes erheblichen Einfluss auf die tatsächliche Steigleistung. Konditionsschwache Wanderer benötigen zudem oftmals erheblich längere Gehzeiten und müssen daher eine besonders großzügige Zeitreserve einkalkulieren. Insofern stellen alle Angaben lediglich eine Orientierungshilfe dar. Bei den rechnerisch ermittelten Höhendifferenzen (vertikaler Höhenunterschied zwischen zwei Referenzpunkten) handelt es sich um Bruttoangaben ohne Einbeziehung kleinerer Gegenanstiege (bzw. -abstiege).

Hoher Ifen (2229 m)

Der *Hohe Ifen* präsentiert sich dem Betrachter (insb. aus Süden) als schräges Gipfeldach, das im oberen Bereich von einer senkrechten Wand umgeben ist. Aufgrund dieser außergewöhnlichen Form ist dem, über dem *Kleinwalsertal* bzw. *Tal des Schwarzwasserbaches* gelegenen, Berg die beträchtliche Höhe (im Nahbereich höchster Gipfel westlich der *Breitach*) auf den ersten Blick nicht anzusehen. Die beiden Zugangssteige bleiben dem geübten Bergwanderer vorbehalten, denn die Passagen der *Ifenmauer* sind etwas ausgesetzt und erfordern entsprechende Trittsicherheit. Unsichere Geher können von der *Auenhütte* bzw. *Ifenhütte* auf das benachbarte und deutlich leichtere *Hahnenköpfle* (2143 m) T 04 ausweichen. Beachtenswert ist zudem das *Gottesackerplateau*, welches sich nordöstlich an den oberen Gipfelstock des *Ifen* anschließt. Es handelt sich hierbei um eine verkarstete Hochfläche (ca. 5 km²) im sogenannten Schrattenkalk, die auf der nordöstlichen Seite von den *Gottesackerwänden* begrenzt wird. Wie in Karstgebieten üblich, sind auch hier zahlreiche Spalten und Höhlen zu finden.
Die einzelnen Routen T 01, T 02 und T 03 (T 02 und T 03 in umgekehrter Gehrichtung) können zu einer sehr lohnenden Rundtour (*Auenhütte* ⇨ *Ifenhütte* ⇨ *Hoher Ifen* ⇨ *Ifersguntalpe* ⇨ *Schwarzwasserhütte* ⇨ *Melköde* ⇨ *Auenhütte*) kombiniert werden. Der konditionelle Anspruch ist durch die optionale Nutzung des *Ifen-Lifts* individuell variierbar.

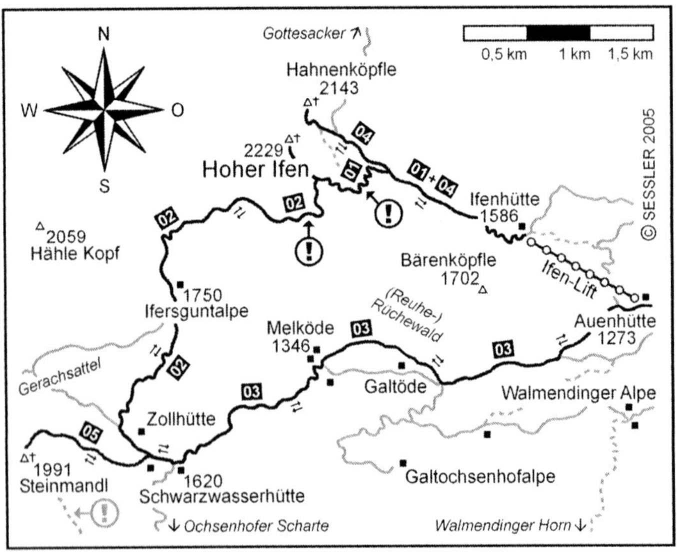

Hauptroutennetz Hoher Ifen / Schwarzwasserhütte T 01 - T 05

● 01 Hoher Ifen (2229 m)
ab Ifenhütte

Gehzeit:

Aufstieg 2:15 h, Abstieg 1:45 h

Höhendifferenz:

\+ 643 hm Ifenhütte - Hoher Ifen

Haupt-Stützpunkte:

Auenhütte (1273 m, priv. bew.)
Ifenhütte (1586 m, priv. bew.)

Anreise:

Auf der Straße B 19 (später 201) ins Kleinwalsertal. Zwischen Riezlern und Hirschegg auf einer nördlich abzweigenden Nebenstraße zur Auenhütte (Talstation des Lifts, Parkplatz). Linienbus bis zur Auenhütte und im Kleinwalsertal.

2+ Südöstlicher Zustieg zum *Hohen Ifen* für Geübte mit adäquater Trittsicherheit und Schwindelfreiheit (Stellen I, bei der *Ifenwand* insofern etwas schwieriger und ausgesetzt). Sehr gute Tiefblicke auf den *Gottesacker* und schöne Aussichten in die *Allgäuer Alpen* über dem *Kleinwalsertal*. Kartenskizze S. 10.

DETAILBESCHREIBUNG Wir starten unsere Tour bei der *Ifenhütte*, die wir mittels Sessellift von der tiefer gelegenen *Auenhütte* erreichen. Konditionsstarke Geher können die Strecke auch auf dem hierfür ausgewiesenen Verbindungsweg (im Aufstieg + 1:00 h, + 313 hm) absolvieren.
An der Bergstation folgen wir dem Wegweiser und steigen auf zunächst gutem Pfad in Serpentinen empor. Nach ca. 25 min haben wir uns der *Ifenmauer* genähert und folgen ihr, bis sich der Weg zum leichteren *Hahnenköpfle* (2143 m) T 04 abtrennt (Wegweiser). Wir halten uns links. In der *Ifenmulde* beginnt schließlich ein steiler Aufstieg im Geröllhang zur darüber liegenden Mauer (bei der Kontrollbegehung im Frühsommer war dieser Anstieg noch komplett von einer verhältnismäßig gefährlichen Schneefläche bedeckt, so dass die Verwendung von Grödeln bzw. Leichtsteigeisen oder ein Anseilen von Gehern ohne entsprechende Erfahrung bzw. Kindern ratsam gewesen wäre).
Im Bereich der Felswand finden wir schließlich Drahtseile vor, welche die etwas ausgesetzte Querung (Stellen I, insofern schwierigster Teil der Tour) absichern. Die Markierungen führen an einem kleinen Felsturm vorbei und nach einem Durchschlupf lassen wir die *Ifenmauer* hinter uns.
Jetzt befinden wir uns auf dem überraschend grünen Schrägdach des Berges und es eröffnet sich bereits eine grandiose Aussicht nach Südosten. Wir blicken über das *Walmendinger Horn* (1993 m) und die *Ochsenhofer Köpfe* (1960 m / 1950 m) hinweg zum Hauptkamm der *Allgäuer Alpen*, wobei sich die schlanke *Trettachspitze* (2595 m), die

Mädelegabel (2644 m) am *Heilbronner Weg* und der dominante *Große Widderstein* (2533 m) sehr gut identifizieren lassen.
Die Wegspur führt uns problemlos weiter nach oben, wo sie nach kurzer Zeit mit dem Zustieg (Wegweiser) von der *Schwarzwasserhütte* (1620 m, DAV S. 93) T 02 zusammentrifft. Das Gipfelkreuz des *Hohen Ifen* an der Abbruchkante des Plateaus (Vorsicht!) ist in wenigen Minuten erreicht.
Neben dem bereits erwähnten Ausblick nach Südosten, können wir über die Abstürze auf das *Hahnenköpfle* und den geologisch interessanten *Gottesacker* hinab sehen. Im Südwesten ist die *Schwarzwasserhütte* mit den umrahmenden Bergen *Steinmandl* (1981 m) und *Grünhorn* (2039 m) zu erkennen. Die Fernsicht ist ebenfalls ausgezeichnet.

● 02 Hoher Ifen (2229 m)

ab Schwarzwasserhütte

Gehzeit:

Aufstieg 2:30 h, Abstieg 2:00 h

Höhendifferenzen:

+ 130 hm Schwarzwasserhütte - Ifersguntalpe
+ 479 hm Ifersguntalpe - Hoher Ifen

Haupt-Stützpunkt:

Schwarzwasserhütte (1620 m, DAV S. 93)

Anreise:

Vorheriger Zustieg zur Schwarzwasserhütte u.a. von der Auenhütte T 03 oder auch über die Ochsenhofer Scharte T 06 im Kamm zwischen Walmendinger Horn und Grünhorn.

2 Südwestlicher Zustieg zum *Hohen Ifen* für Geher mit etwas Übung und adäquater Trittsicherheit (Stellen I, bei der gesicherten Passage insofern etwas schwieriger, jedoch nicht ganz so stark ausgesetzt wie der südöstliche Steig T 01). Sehr gute Tiefblicke auf den *Gottesacker* und schöne Aussichten in die *Allgäuer Alpen* über dem *Kleinwalsertal*. Kartenskizze S. 10.

DETAILBESCHREIBUNG Die *Schwarzwasserhütte* stellt, wie auch die *Auenhütte* (1273 m) bzw. *Ifenhütte* (1586 m) in T 01, einen optimalen Ausgangspunkt für die Besteigung des *Hohen Ifen* dar. Schon von der Hütte aus präsentiert der Berg seine vielleicht schönste Seite, denn der eigentümliche Charakter des schrägen Gipfeldaches kann in seiner vollen Pracht bewundert werden.
Wir folgen dem Wegweiser bei der Hütte zunächst nach Nordwesten, wo sogleich der Zustieg zum *Steinmandl* (1991 m) T 05 auf der markanten Flanke links abzweigt. Kurze Zeit später trennt sich auch der Weg zum *Gerachsattel* (1752 m) von unserer Route und es wird auf Steinen ein Bachlauf überquert. Wir nähern uns der *Ifersguntalpe* (1750 m), wo es noch einen weiteren Übergangspfad zum *Gerachsattel* gibt.

Hoher Ifen (Südflanke) von der Ifersguntalpe

Insgesamt verläuft unsere Wegspur im leichten Auf und Ab, wobei noch keine nennenswerten Höhenunterschiede zu überwinden sind. Das Steigungsprofil ändert sich erst am eigentlichen Fuß des *Ifen*, wo der Weg nach Osten führt. Wir steigen bis zu einer letzten Latschengruppe aufwärts und es folgt der schwierigste Abschnitt der Tour.
Aus Eisenstäben gefertigte Tritthilfen (zur Verhinderung eines unbeabsichtigten Abrutschens) und sichernde Stahlseile helfen bei der Überwindung einer Steilstufe, die ein wenig ausgesetzt ist (Stellen I). Der folgende Abschnitt wird jedoch wieder einfacher und es geht im freien Gelände weiter empor, wobei der obere Teil des Weges künstlich gestuft ist (Geröllstufen mit Holzbegrenzung). Letztendlich treffen wir auf den Zustieg (Wegweiser) von der *Auenhütte* bzw. *Ifenhütte* aus T 01. In wenigen Minuten ist das Gipfelkreuz (Vorsicht an den Abstürzen!) problemlos erreicht. Die zurückliegenden Mühen werden mit einer ausgezeichneten Aussicht (vgl. T 01) belohnt.

O 03 Schwarzwasserhütte (1620 m)
ab Auenhütte

Gehzeit:

Übergangszeit 1:30 h

Höhendifferenz:

\+ 347 hm   Auenhütte - Schwarzwasserhütte

Haupt-Stützpunkte:

Auenhütte (1273 m, priv. bew.)
Schwarzwasserhütte (1620 m, DAV S. 93)

Anreise:

Auf der Straße B 19 (später 201) ins Kleinwalsertal. Zwischen Riezlern und Hirschegg auf einer nördlich abzweigenden Nebenstraße zur Auenhütte (Parkplatz). Linienbus bis zur Auenhütte und im Kleinwalsertal.

1 Problemlose Bergwanderung auf breiten Wegen (teils etwas steinig). Leichtester Zustieg zur *Schwarzwasserhütte* aus dem *Kleinwalsertal*. Kartenskizze S. 10. **Infoblock:** ⇨ von der *Auenhütte* nach Westen ins Tal des *Schwarzwasserbaches* ⇨ weiter zum Wiesengrund *Galtöde* bzw. zur *Melköde* ⇨ ab hier etwas steiler aufwärts ⇨ mittels Steg über den *Schwarzwasserbach* ⇨ auf grob steinigem Weg mäßig steil empor zur *Schwarzwasserhütte* mit eindrucksvollem Panoramablick zum *Hohen Ifen* (2229 m). **Alternative:** anspruchsvollerer Zugang via *Ochsenhofer Scharte* (1851 m) über den Kamm zwischen *Grünhorn* (2039 m) und *Walmendinger Horn* (1993 m) von *Baad* (1244 m, Parkplatz, Bus) oder mittels der *Walmendingerhorn-Bahn* von *Mittelberg* (1219 m, Parkplatz, Bus) T 06.

O 04 Hahnenköpfle (2143 m)

ab Ifenhütte

Gehzeit:

Aufstieg 1:30 h, Abstieg 1:00 h

Höhendifferenz:

+ 557 hm Ifenhütte - Hahnenköpfle

Haupt-Stützpunkte:

Auenhütte (1273 m, priv. bew.)
Ifenhütte (1586 m, priv. bew.)

Anreise:

Auf der Straße B 19 (später 201) ins Kleinwalsertal. Zwischen Riezlern und Hirschegg auf einer nördlich abzweigenden Nebenstraße zur Auenhütte (Talstation des Lifts, Parkplatz). Linienbus bis zur Auenhütte und im Kleinwalsertal.

2- Leichtere Alternative zum *Hohen Ifen* (2229 m) mit sehr guter Aussicht über den *Gottesacker*. Kartenskizze S. 10. **Infoblock:** ⇨ von der *Auenhütte* per Lift zur *Ifenhütte* oder auch, der Beschilderung folgend, zu Fuß (im Aufstieg + 1:00 h, + 313 hm) zum Zwischenziel ⇨ Anstieg zunächst mit der Tour zum *Hohen Ifen* T 01 identisch ⇨ dementsprechend auf relativ gutem Pfad in

Serpentinen empor ⇨ später jedoch rechts halten (Wegweiser) und bis zum Gipfel über dem sehenswerten *Gottesackerplateau.*

○ 05 Steinmandl (1991 m)
ab Schwarzwasserhütte

Gehzeit:

Aufstieg 1:15 h, Abstieg 0:45 h

Höhendifferenz:

\+ 371 hm Schwarzwasserhütte - Steinmandl

Haupt-Stützpunkt:

Schwarzwasserhütte (1620 m, DAV S. 93)

Anreise:

Vorheriger Zustieg zur Schwarzwasserhütte u.a. von der Auenhütte T 03 oder via Ochsenhofer Scharte T 06 im Kamm zwischen Walmendinger Horn und Grünhorn.

2– Schneller Anstieg zum Nachbargipfel des *Grünhorns* (2039 m) auf kleinem Steig. Kartenskizze S. 10. **Infoblock:** ⇨ dem Wegweiser folgend von der *Schwarzwasserhütte* zum markanten Ost-Ausläufer des Berges ⇨ aufwärts bis zum Gipfelkreuz mit schöner Aussicht zum *Bregenzer Wald* bzw. hinab zur *Bregenzer Ache.* **Alternative:** deutlich schwierigere Verlängerung der Tour über den südöstlichen Verbindungsgrat zum *Grünhorn* in leichter Kletterei (Stellen I) für Geübte mit adäquater Trittsicherheit.

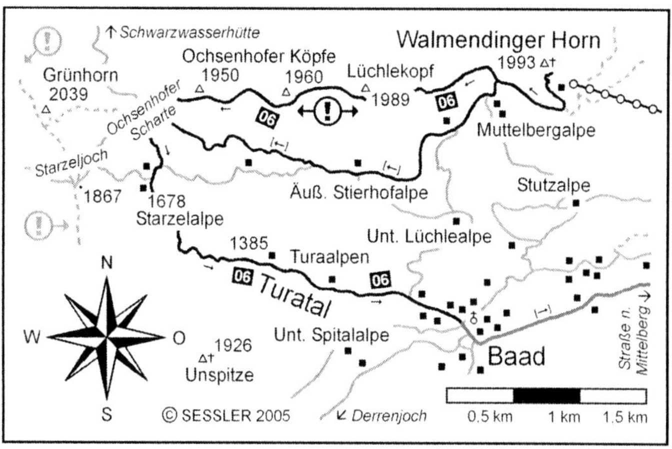

Hauptroutennetz Walmendinger Horn / Grünhorn T 06

○ 06 Walmendinger Horn (1993 m), Lüchle- bzw. Muttelbergkopf (1989 m) und Ochsenhofer Köpfe (1960 m / 1950 m)

ab Walmendingerhorn-Bahn

Gehzeit:

Gesamtgehzeit (Rundtour) 4:15 h

Höhendifferenzen:

- 004 hm Walmendinger Horn - Lüchlekopf
- 138 hm Lüchlekopf - Ochsenhofer Scharte
- 607 hm Ochsenhofer Scharte - Baad

Haupt-Stützpunkte:

Bergstation / Rest. Walmendingerhorn (1940 m, priv. bew.)
Baad (1244 m, priv. bew. Gasthäuser)
Mittelberg (1219 m, priv. bew. Gasthäuser)

Anreise:

Auf der Straße B 19 (später 201) ins Kleinwalsertal bis nach Mittelberg (Parkplatz an der Talstation der Walmendingerhorn-Bahn). Linienbus im Kleinwalsertal.

Walmendinger Horn (vorn, rechts) von der Ifenhütte

2 Bergtour auf schmalen Gratwegen, die adäquate Trittsicherheit und Schwindelfreiheit verlangt. Alternativ kann der parallel verlaufende Bergweg in der südlichen Flanke (leichter und schneller, u.a. über die *Obere Lüchlealpe*) begangen werden. Optionale Verlängerung der Tour zum *Grünhorn* (2039 m) möglich. Kartenskizze S. 15. **Infoblock:** ⇨ Auffahrt mit der *Walmendingerhorn-Bahn* ⇨ Abstecher zum Gipfelpunkt ⇨ von der Bergstation Richtung *Muttelbergalpe* und noch vor dieser zum Grat ⇨ dem Kamm folgend (entsprechende Gegenanstiege) über *Lüchlekopf* und die *Ochsenhofer Köpfe* ⇨ zur *Ochsenhofer Scharte* (1851 m) ⇨ Abstieg zur *Starzelalpe* (1678 m) ⇨ im *Turatal* über die *Turaalpen* abwärts nach *Baad* ⇨ zur Talstation der Bergbahn nach *Mittelberg* (Linienbus im *Kleinwalsertal*). **Alternativen:** a. auch unterhalb des Grats (südlich) führt ein etwas leichterer Weg u.a. über die *Muttelbergalpe*, *Obere Lüchlealpe* und die *Äußere Stierhofalpe* zur *Ochsenhofer Scharte*; b. von der *Ochsenhofer Scharte* optional westlich auf einem Steig zum *Grünhorn* (im Aufstieg + 188 hm) und über das *Starzeljoch* (1867 m) zur *Starzelalpe* und ins *Turatal*; c. nördlich von der *Ochsenhofer Scharte* kann die *Schwarzwasserhütte* (1620 m, DAV S. 93) mit Verlängerung zur *Auenhütte* (1273 m, Parkplatz, Bus) T 03 als Start- oder Zielpunkt dienen.

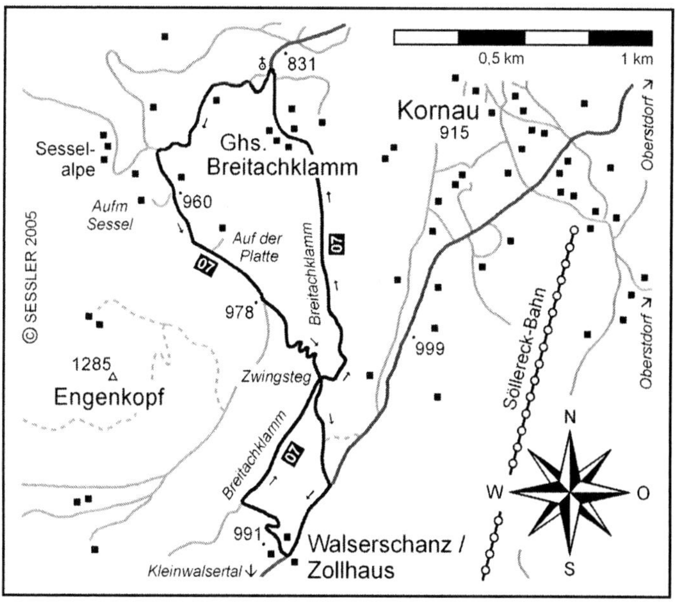

Hauptroutennetz Breitachklamm T 07

● **07 Breitachklamm (850 m)**
ab Walserschanz

Gehzeit:

Gesamtgehzeit (Rundtour) 2:00 h

Höhendifferenzen:

– 070 hm Walserschanz - Breitach
+ 140 hm Breitach - Aufm Sessel

Haupt-Stützpunkte:

Gasthof Walserschanz (991 m, priv. bew.)
Gasthaus Breitachklamm (830 m, priv. bew.)
Sesselalpe (1000 m, priv. bew.)

Anreise:

Auf der Straße B 19 (später 201) ins Kleinwalsertal bis zur Walserschanz / Zollhaus (Parkplatz). Linienbus im Kleinwalsertal.

1- Einfache Wanderung (ausgedehnter Spaziergang) auf breiten Wegen für Jedermann durch und über die *Breitachklamm* mit ihren sehenswerten Wasserstrudeln und ausgewaschenen Felsformationen. Kartenskizze S. 17.

DETAILBESCHREIBUNG Ein Besuch in der überaus lohnenden *Breitachklamm* ist keine Bergtour im eigentlichen Sinn und doch ist die Wanderung auch für den ambitionierten Bergsteiger (als Alternative für die hohen Gipfel der Region bei unsicheren Wetterprognosen) höchst interessant.
Wir beginnen die Tour an der *Walserschanz* im *Kleinwalsertal* und nicht beim üblichen Großparkplatz am unteren Ende der Klamm, denn nur so können wir der natürlichen Flussrichtung der *Breitach* folgen. Auf einem befestigten Kiesweg geht es zunächst etwas steiler bergab und nach wenigen Minuten ist die *Breitach* erreicht. Wir folgen dem rauschenden Fluss, der die Felsen schon hier tief eingeschnitten hat. Schließlich kommen wir auf Wandstegen (mit Geländer - kleinere Kinder dennoch an die Hand nehmen!) zu dem Felssturz vom 23.09.1995, der zu einem gewaltigen Wasserstau führte und erst ein halbes Jahr später (vollständige Verwüstung der Klamm) endgültig durchbrochen wurde. Hier befindet sich auch das obere Kassenhaus und wir müssen für den weiteren Weg einen Obolus entrichten.
Der Hauptteil der *Breitachklamm*, die einst als *Große Zwing* bezeichnet wurde, ist deutlich enger und ähnelt einem wahren Höllenschlund, denn der obere Felsbereich ist nahezu geschlossen. In beträchtlicher Höhe können wir einen kleinen Steg (*Zwing-Steg*) über der Klamm erspähen, der später ein weiteres Ziel unserer kleinen Rundtour sein wird. Nachdem sich der felsige Einschnitt wieder geöffnet hat und wir einen kurzen Tunnel durchschritten haben, gelangen wir bald an das untere Kassenhaus.

Wir verlassen den Gebäudekomplex (Parkplatz, Bus) und folgen kurz der Straße. Bei einer Kapelle geht es sogleich linker Hand auf einem Schotterweg aufwärts in Richtung *Dornachalpe* bzw. *Sesselalpe* (*Aufm Sessel*). Nach kurzem Anstieg erreichen wir die entsprechenden Weideflächen und halten uns links (Wegweiser zum *Zwing-Steg*). Es werden Durchblicke zur Oberstdorfer Bergwelt möglich.
Nach einer Kurve (Wegweiser) führt die Route wiederum links auf einen Waldweg, der in Serpentinen harmlos abwärts leitet. Wir überqueren schließlich den *Zwing-Steg*, der einen atemberaubenden Tiefblick in die *Breitachklamm* mit ihren zahlreichen Besuchern erlaubt. Hinter der kleinen Brücke befindet sich ein weiterer Wegweiser und wir steigen steil hinauf zur *Walserschanz*, dem Ausgangspunkt der Rundwanderung.

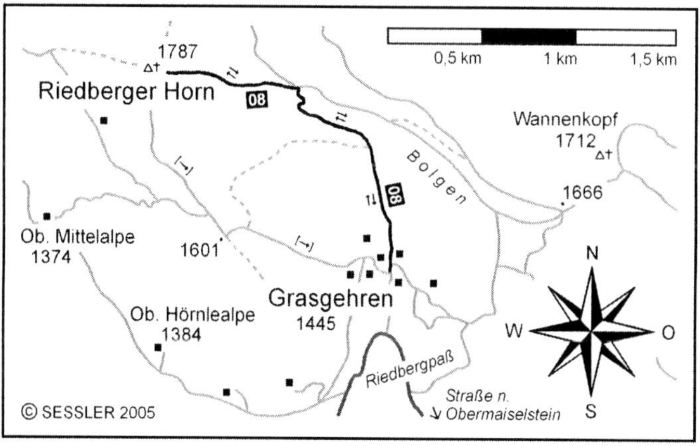

Hauptroutennetz Riedberger Horn T 08

O 08 Riedberger Horn (1787 m)
ab Grasgehren

Gehzeit:

Aufstieg 1:00 h, Abstieg 0:45 h

Höhendifferenz:

\+ 342 hm Grasgehren - Riedberger Horn

Haupt-Stützpunkt:

Berggasthütte Grasgehren (1445 m, priv. bew.)

Anreise:

Auf der Verbindungsstraße zwischen Obermaiselstein und Hittisau zum Riedbergpass. Kurz nördlich zum Gasthaus Grasgehren (Parkplatz). Linienbus zum Riedbergpass.

1 Kurzer und direkter Wanderweg zum Gipfel (nur an einer Stelle etwas steiler). Kartenskizze S. 19. **Infoblock:** ⇨ ab dem Ghs. *Grasgehren*, der Beschilderung folgend, in einem Bogen aufwärts nach Norden und dann nach Nordwesten ⇨ über den Ostkamm zum Gipfelkreuz mit schöner Aussicht nach allen Seiten. **Alternativen:** a. Abstieg nach Südosten als Rundtour; b. Abstecher zum östlich benachbarten *Wannenkopf* (1712 m) über den verbindenden Gratrücken (*Bolgen*).

Fellhorn (2038 m)

Das *Fellhorn* (ein glattes Flyschgebiet mit tonig, mergeligen Bodenstrukturen) ist weithin, insb. wegen seines Bestandes an rostblättrigen Alpenrosen (lat. Rhododendron ferrugineum), als Blumenberg der *Allgäuer Alpen* bekannt. Man findet den völlig begrünten Gipfel in dem auf den Oberstdorfer Talkessel zeigenden Kamm, der das *Kleinwalsertal* vom *Stillachtal* trennt. Dank diverser Bergbahnen kann er von Jedermann problemlos erreicht werden. Zudem führen gute Wege im Bereich der *Fellhorn-Bahn* über die Mittelstation bzw. den *Schlappoltsee* (1719 m) nach oben. Die lohnendste Tourenvariante ist jedoch die Begehung des gesamten *Fellhornkamms* T 09 zwischen *Kanzelwand* (2058 m) und *Söllereck* (1706 m).

Gundsattel und Fellhorn vom Gundkopf (Kanzelwandbahn)

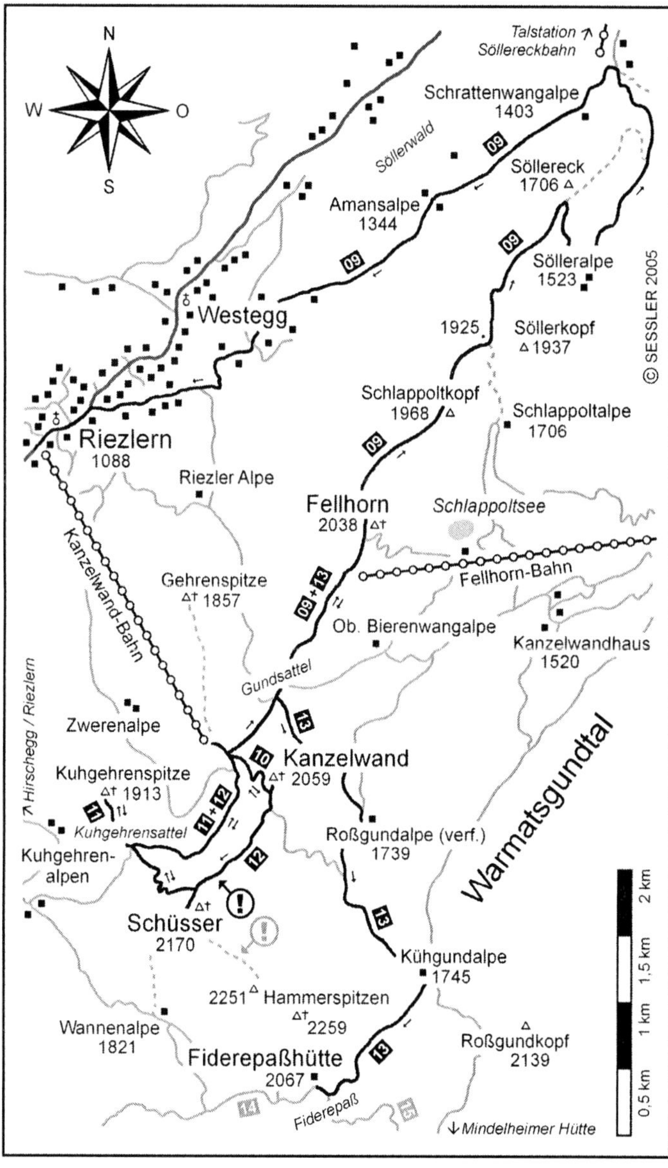

Hauptroutennetz Fellhorn / Kanzelwand / Schüsser T 09 - T 13

● 09 Fellhorn (2038 m), Schlappoltkopf (1968 m) und Söllereck (1706 m) via Fellhornkamm

ab Kanzelwand-Bahn

Gehzeit:

Gesamtgehzeit (Rundtour) 4:00 h

Höhendifferenzen:

–	160 hm	Bergstation - Gundsattel
+	230 hm	Gundsattel - Fellhorn
–	070 hm	Fellhorn - Schlappoltkopf
–	262 hm	Schlappoltkopf - Söllereck
–	620 hm	Söllereck - Talstation (Riezlern)

Haupt-Stützpunkte:

Bergstation / Rest. Kanzelwand-Bahn (1968 m, priv. bew.)
Bergstation / Rest. Fellhorn-Bahn (1967 m, priv. bew.)
Berghaus Am Söller (1375 m, priv. bew.)
Berghaus Schönblick (1358 m, priv. bew.)
Schrattenwangalpe (1402 m, priv. bew.)

Anreise:

Auf der Straße B 19 (später 201) ins Kleinwalsertal bis nach Riezlern und zur Talstation der Kanzelwand-Bahn (Parkplatz der Gondelbahn unmittelbar an der Hauptstraße im Ort). Linienbus im Kleinwalsertal.

2– Harmloser Übergang (breiter Weg) durch den *Gundsattel* zum stark frequentierten *Fellhorn*, gefolgt von einer relativ leichten Gratbegehung (guter Pfad, ein wenig ausgesetzt) und einem etwas schwierigeren (steinigen) Abschnitt im Abstieg zum *Söllereck*. Schöne Aussichten über das *Stillach-* und das *Kleinwalsertal hinweg*, u.a. zum *Gottesackerplateau*. Kartenskizze S. 21. Hinweis zur unterschiedlichen Bezeichnung der Gipfel auf S. 24 beachten!

DETAILBESCHREIBUNG Konditionsstarke Geher entscheiden sich alternativ für einen individuellen Aufstieg (nun als längere und anstrengendere Tagestour) zur Bergstation der *Kanzelwand-Bahn* (1968 m) von *Riezlern* (1088 m, Parkplatz, Bus) oder *Hirschegg* (1124 m, Parkplatz, Bus) über die *Zwerenalpe*, *Riezler Alpe* oder die *Innere Kuhgehrenalpe* (im Aufstieg jeweils ca. + 2:45 h bis + 4:00 h, + 900 hm). Wer die Bahn nicht nutzen möchte, sollte die Tour jedoch besser in umgekehrter Richtung absolvieren, da man sich so die Option auf eine Talfahrt am Ende der Gratbegehung offen halten kann. Konditionsschwache Geher können zusätzlich die *Söllereck-Bahn* und den Linienbus im *Kleinwalsertal* in ihre Planungen mit einbeziehen, wodurch eine kleine Höhenwanderung ohne jeglichen Auf- oder Abstieg (auf das Tal bezogen) möglich wäre.

Wir wählen eine "mittlere" Variante am *Fellhornkamm* und lassen uns in den Gondeln der *Kanzelwand-Bahn* (Kleinkabinen-Umlaufbahn) relativ luftig nach oben tragen. In der kleinen Einsattelung hinter der Bergstation, die sich auf dem unbedeutenden *Gundkopf* befindet, beginnt u.a. der kurze Aufstieg T 10 zur benachbarten *Kanzelwand* (2059 m, auch *Warmatsgundkopf* genannt). Wir wenden uns jedoch nach links und steigen auf gutem Weg abwärts in den größeren *Gundsattel*, wo u.a. ein Pfad zum *Fiderepass* (2035 m) abzweigt.
Während sich rückwärtig die *Kanzelwand* in ihrer ganzen Pracht zeigt, nehmen wir den Gegenanstieg zum *Fellhorn* in Angriff. Problemlos (leicht gestufter Weg) gelangen wir zur Bergstation der *Fellhorn-Bahn* (1967 m) und stehen weitere 10 min später am Gipfelkreuz. Schon im Zustieg hat sich eine sehr gute Aussicht zum *Hohen Ifen* (2229 m) und dem zerklüfteten Karstplateau des *Gottesackers* im Westen sowie zur schlanken *Trettachspitze* (2595 m) bzw. der *Mädelegabel* (2644 m) im Südosten eröffnet.
Wir verlassen den Gipfel am Wegweiser links und steigen etwas steiler (kurzes Halteseil als Griffhilfe) abwärts. Unsere Route verläuft nun direkt auf der Gratschneide und ist dementsprechend ein wenig ausgesetzt - zu beiden Seiten befinden sich Steilgrashänge. Rechts bietet sich ein sehr schöner Blick zum *Schlappoltsee* (1719 m) und es gibt einen ersten Abzweig zur entsprechenden Alpe (1706 m).
Nach dem Hochbogen um den *Schlappoltsee*, gelangen wir auf den *Schlappoltkopf* und können den weiteren Verlauf des Grats gut einsehen. Bald geht rechter Hand ein weiterer Pfad zur *Schlappoltalpe* ab, wir halten uns jedoch links und folgen dem Wegweiser zum *Söllereck*. Der bisher weitgehend harmlose Weg ändert nun (kurzzeitig) seinen Charakter und wir müssen ein steileres Stück über Schrofen absteigen.
Am *Söllereck* verliert der Weg seine Schwierigkeit und es geht bequem weiter abwärts (bei der Kontrollbegehung wurde ersichtlich, dass die Route zur Bergstation der *Söllereck-Bahn* aus Naturschutzgründen über die südöstlich gelegene *Sölleralpe* führen soll). Hinter der Alpe nutzen wir dementsprechend den Fahrweg, kommen am Abzweig eines Pfades zum *Stillachtal* bzw. zur Skiflugschanze vorbei und gelangen letztendlich zum Komplex Hotel *Schönblick* und Bergstation *Söllereck-Bahn* (1358 m, Kleinkabinen-Umlaufbahn). Noch vor den Gebäuden können wir zu dem Weg Richtung *Schrattenwangalpe* (1403 m) queren.
Ein Fahrweg führt uns sanft abwärts in den Wald und an einem Grenzschild vorbei. Wir passieren noch einige Alp-Hütten und blicken auf *Ober-Westegg* bzw. *Riezlern*. Überraschend gelangen wir noch einmal in ein Waldstück und überqueren zwei Bachläufe, die sich hier vereinigen (*Schmiedbach*). Letztendlich halten wir auf den Kirchturm von *Riezlern* zu und treffen im Ort auf die Hauptstraße, die uns zur Talstation der *Kanzelwand-Bahn* führen wird.
Unter Einbeziehung von *Söllereck-Bahn* und / oder *Fellhorn-Bahn* ist übrigens auch auf der Ostseite des *Fellhornkamms* eine Rundtour über das *Stillachtal* möglich.

Im Bereich von *Kanzelwand* und *Fiderepass* kommt es aufgrund der unmittelbaren Grenzlage zwischen *Deutschland* und *Österreich* (Sprachraum des *Kleinwalsertals*) zu verschiedenen Bezeichnungen der Gipfel, die sich auch auf Wegweisern sowie in Landkarten und Führern (je nach Herkunftsland des Verlags) niederschlagen und für reichlich Verwirrung sorgen. Die *Kanzelwand* (1. Berg im Gratverlauf von der Bergstation der *Kanzelwand-Bahn* gesehen) wird auch als *Warmatsgundkopf* benannt, der *Schüsser* (2. Berg im Grat) als *Hammerspitze* und die (aus deutscher Sicht) eigentlichen *Hammerspitzen* im Südosten (3. und 4. Berg im Grat, beim *Fiderepass*) heißen auch *Hochgehrenspitze* und (wiederum) *Schüsser*! In diesem Führer wurden jeweils die erstgenannten (in Deutschland üblichen) Bezeichnungen verwendet.

● 10 Kanzelwand (2059 m)

ab Kanzelwand-Bahn

Gehzeit:

Aufstieg 0:25 h, Abstieg 0:15 h

Höhendifferenz:

\+ 091 hm Bergstation - Kanzelwand

Haupt-Stützpunkte:

Bergstation / Rest. Kanzelwand-Bahn (1967 m, priv. bew.)
Gasthaus Adlerhorst (1900 m, priv. bew.)

Anreise:

Auf der Straße B 19 (später 201) ins Kleinwalsertal bis nach Riezlern und zur Talstation der Kanzelwand-Bahn (Parkplatz der Gondelbahn unmittelbar an der Hauptstraße im Ort). Linienbus im Kleinwalsertal.

1+ Direkter und sehr kurzer Gipfelanstieg von der vorgelagerten Bergstation auf gutem Steig. Ab der *Kanzelwandscharte* jedoch für wenige Höhenmeter über einen Schrofenhang (insofern kein Spazierweg, etwas Trittsicherheit angebracht). Schöne Aussichten auf das benachbarte *Fellhorn* (2038 m) und die sonstige Bergwelt bei *Oberstdorf* bzw. am *Kleinwalsertal*. Kartenskizze S. 21. Hinweis zur unterschiedlichen Bezeichnung der Gipfel auf S. 24 beachten!

DETAILBESCHREIBUNG Konditionsstarke Geher entscheiden sich alternativ für einen individuellen Aufstieg (nun als längere und anstrengendere Tagestour) zur Bergstation der *Kanzelwand-Bahn* von *Riezlern* (1088 m, Parkplatz, Bus) oder *Hirschegg* (1124 m, Parkplatz, Bus) über die *Zwerenalpe*, *Riezler Alpe* oder die *Innere Kuhgehrenalpe* (im Aufstieg jeweils ca. + 2:45 h bis + 4:00 h, + 900 hm). Ebenso sind problemlose

Schüsser vom Kanzelwandgrat

Kuhgehrenspitze vom Kuhgehrensattel

Übergänge durch den *Gundsattel* vom *Fellhorn* bzw. der *Fellhorn-Bahn* (1967 m) möglich.
Im Rahmen dieser Beschreibung nutzen wir die *Kanzelwand-Bahn* (leichteste Variante) und gelangen somit zur Bergstation, welche sich vis-a-vis zum Tourenziel befindet. Sogleich durchschreiten wir den kleinen vorgelagerten Sattel, wobei wir direkt auf den Felsaufbau des Gipfels blicken.
Hinter der unbedeutenden Vertiefung führt der mit leichtem Geröll bedeckte Weg über ein paar Stufen mäßig steil nach oben. Erst nach der Hälfte der Strecke wird der Pfad etwas anstrengender, ist aber noch immer sehr gut begehbar. Schließlich erreichen wir eine Scharte (*Kanzelwandscharte*, Wegweiser), von der aus u.a. ein Weg hinab in den *Kühgund* bzw. Richtung *Fiderepass* (2035 m) führt.
Wir halten uns links und gelangen nun in einen felsigen Geländeabschnitt (Schrofenhang), der ein wenig steiler ist, insofern etwas Trittsicherheit verlangt und gleichzeitig den Schlussanstieg darstellt. Nach wenigen Metern sind wir auf dem Gipfel (Vorsicht an den Abstürzen!) angekommen und werden mit einem Panoramablick u.a. auf die grünen Hänge des *Fellhornkammes* T 09 im Nordosten belohnt. Bemerkenswert ist zudem der weitere (schwierigere) Gratverlauf nach Südwesten bzw. Süden mit dem *Schüsser* (2170 m) T 12 und den faszinierenden Silhouetten der beiden *Hammerspitzen* (2251 m und 2259 m). Die Sicht zum *Hohen Ifen* (2229 m) T 01 / T 02 und zum *Gottesackerplateau* im Westen ist ebenfalls beeindruckend.

O 11 Kuhgehrenspitze (1913 m)
ab Kanzelwand-Bahn

Gehzeit:

Aufstieg 0:30 h, Abstieg 0:25 h

Höhendifferenzen:

− 090 hm Bergstation - Kuhgehrensattel
\+ 035 hm Kuhgehrensattel - Kuhgehrenspitze

Haupt-Stützpunkte:

Bergstation / Rest. Kanzelwand-Bahn (1967 m, priv. bew.)
Gasthaus Adlerhorst (1900 m, priv. bew.)

Anreise:

Auf der Straße B 19 (später 201) ins Kleinwalsertal bis nach Riezlern und zur Talstation der Kanzelwand-Bahn (Parkplatz der Gondelbahn unmittelbar an der Hauptstraße im Ort). Linienbus im Kleinwalsertal.

1 Harmloser Gipfel für Jedermann auf stellenweise lehmigen (etwas rutschigen) Pfaden. Schöner Tiefblick in den Talschluss bei *Baad*. Kartenskizze S. 21. **Infoblock:** ⇨ Auffahrt mit der *Kanzelwand-Bahn* ⇨ von der Bergstation kurz Richtung *Kanzelwand* (2059 m)

T 10 und sogleich rechts abwärts zur Umrundung der Hochmulde mit etwas Höhenverlust ⇨ entsprechender Gegenanstieg zum *Kuhgehrensattel* (1878 m) ⇨ hier rechts auf relativ gutem Weg (nur mäßig steil) zum Gipfel mit schönem Tiefblick und faszinierender Aussicht auf die Bergwelt am *Kleinwalsertal*. **Alternative:** Verzicht auf die Fahrt mit der Bergbahn und u.a. Aufstiege von *Riezlern* (1088 m, Parkplatz, Bus) oder *Hirschegg* (1124 m, Parkplatz, Bus) über die *Zwerenalpe*, *Riezler Alpe* oder auch die *Innere Kuhgehrenalpe* (im Aufstieg jeweils ca. + 2:45 h bis + 4:00 h, + 900 hm) für konditionsstarke Geher.

● 12 Schüsser (2170 m) via Kanzelwandgrat

ab Kanzelwand-Bahn

Gehzeit:

Gesamtgehzeit (Rundtour) 2:30 h

Höhendifferenzen:

+ 070 hm Bergstation - Kanzelwandscharte
+ 132 hm Kanzelwandscharte - Schüsser
– 292 hm Schüsser - Kuhgehrensattel
+ 090 hm Kuhgehrensattel - Bergstation

Haupt-Stützpunkte:

Bergstation / Rest. Kanzelwand-Bahn (1967 m, priv. bew.)
Gasthaus Adlerhorst (1900 m, priv. bew.)

Anreise:

Auf der Straße B 19 (später 201) ins Kleinwalsertal bis nach Riezlern und zur Talstation der Kanzelwand-Bahn (Parkplatz der Gondelbahn unmittelbar an der Hauptstraße im Ort). Linienbus im Kleinwalsertal.

2+ Unmarkierter Gratweg (Stelle I+) für Geher mit etwas Übung, adäquater Trittsicherheit und Schwindelfreiheit auf einen sehr aussichtsreichen Gipfel. Vorherige Besteigung der *Kanzelwand* (2059 m) T 10 möglich. Bergwanderer ohne hinreichende Erfahrung nutzen auch für den Aufstieg den ausgewiesenen Normalweg (steiniger, teils steiler Schrofenhang) über den *Kuhgehrensattel* (1878 m). Kartenskizze S. 21. Hinweis zur unterschiedlichen Bezeichnung der Gipfel auf S. 24 beachten!

DETAILBESCHREIBUNG Der *Schüsser*, der im Sprachraum des *Kleinwalsertals* auch *Hammerspitze* (Beschriftung der Wegweiser!) genannt wird, kann u.a. über einen markierten Normalweg und über den nicht ausgewiesenen Grat von der *Kanzelwand* bestiegen werden. Wer sich letztere Alternative zutrauen darf, kann *Kanzelwand* und *Schüsser* zu einer lohnenden Rundtour kombinieren. Der Verzicht auf die Fahrt mit der *Kanzelwand-Bahn* würde das Vorhaben zu einer anstrengenden

Tagestour qualifizieren - es sind beispielsweise Zugänge von *Riezlern* (1088 m, Parkplatz, Bus) oder *Hirschegg* (1124 m, Parkplatz, Bus) über die *Zwerenalpe*, *Riezler Alpe* oder die *Innere Kuhgehrenalpe* (im Aufstieg jeweils ca. + 2:45 h bis + 4:00 h, + 900 hm) möglich.
Wir besteigen zunächst die *Kanzelwand* T 10 bzw. gehen lediglich bis zu der kleinen Scharte (*Kanzelwandscharte*) unterhalb des Gipfels. Hier folgen wir für wenige Schritte dem Wegweiser zum *Kühgund / Fiderepass* (2035 m) und gehen somit links um einen kleinen Felskopf herum (der unbezeichnete Pfad rechts führt in leichter Kletterei etwas ausgesetzt auf diesen Zacken). Der Abstiegspfad in den *Kühgund* wird sogleich wieder verlassen und eine deutliche Wegspur (keine Markierungen) leitet uns rechter Hand zurück auf den Grat.
Zunächst erwartet uns ein problemloser Abschnitt, der teils felsig über einen Zwischengipfel führt. Wir wandern wieder abwärts und hinter der nächsten Erhebung entlang.
Die Begehung des Grats wird bald schwieriger, denn mittels leichter Kletterei ist u.a. eine (rückwärtig etwas ausgesetzte) Stelle I+ zu passieren, wobei gerade für Geher mit mangelhafter Trittsicherheit doch eine nicht unerhebliche Sturzgefahr besteht. Zusätzlich ist auch ein wenig Orientierungsgabe nötig.
Letztendlich wird die Scharte passiert, zu welcher auch der Normalweg hinauf führt und das Gipfelkreuz ist schnell erreicht. Der *Schüsser* entlohnt die Aufstiegsmühen mit sehr schönen Aussichten u.a. auf die *Schafalpenköpfe* (2273 m, 2301 m bzw. 2320 m) im Südosten und die Kette mit *Liechel-* (2383 m), *Elfer-* (2387 m) und *Zwölferkopf* (2224 m) im Südwesten.
Wir gehen zurück zur erwähnten Gratscharte und steigen auf dem markierten Normalweg abwärts. Der Bergsteig im steileren Schrofenhang erlaubt hierbei u.a. einen schönen Tiefblick zum Endbereich des *Kleinwalsertals* mit den umgebenden Bergen. Bald erreichen wir den *Kuhgehrensattel*.
Unser Pfad führt wenige Höhenmeter abwärts und dann gemächlich um eine große Hochmulde herum. Unterhalb der mächtigen Abstürze des *Schüssers* erreichen wir schließlich ein kleines Rinnsal, wo es eine besonders rutschige Stelle gibt. Es folgt noch eine kurze Steigung, das Ghs. *Adlerhorst* wird passiert und wir beenden die Tour an der Bergstation der *Kanzelwand-Bahn*.

O 13 Fiderepasshütte (2067 m)

ab Fellhorn-Bahn

Gehzeit:

Übergangszeit 2:15 h

Höhendifferenzen:

–	228 hm	Bergstation - Roßgundalpe
+	006 hm	Roßgundalpe - Kühgundalpe
+	322 hm	Kühgundalpe - Fiderepasshütte

Hammerspitzen (Nordwände) von der Kanzelwand

Haupt-Stützpunkte:

Bergstation / Rest. Fellhorn-Bahn (1967 m, priv. bew.)
Fiderepasshütte (2067 m, DAV S. 93)

Anreise:

Auf der Straße B 19 (u.a. über Immenstadt und Sonthofen) bis Oberstdorf (Linienbus, Ortsbus, Bahnhof) und hier ins Stillachtal (Beschilderung zur Fellhornbahn folgen, Parkplatz an der Talstation). Linienbus von Oberstdorf zur Talstation.

2- Unter Nutzung der *Fellhorn-Bahn* (auch mit der *Kanzelwand-Bahn* möglich) relativ schneller Zugang (mittels Zwischenabstieg und Schlusssteigung) zur DAV-Hütte am *Fiderepass* (2035 m). Kartenskizze S. 21. **Infoblock:** ⇨ Auffahrt mit der *Fellhorn-Bahn* ⇨ Abstieg von der Bergstation nach Südwesten in den *Gundsattel* ⇨ am Wegweiser links zur verf. *Roßgundalpe* (1739 m) ⇨ weiter durch Hänge querend zur *Kühgundalpe* (1745 m) ⇨ durch den Talboden des *Warmatsgundbaches* bis zum Aufstieg in Serpentinen ⇨ zum *Fiderepass* und der etwas höher liegenden *Fiderepasshütte*. **Alternativen:** a. von der Mittelstation der *Fellhorn-Bahn* über die *Obere Bierenwangalpe* (1737 m) zur verf. *Roßgundalpe* (+ 0:30 h); b. deutlich konditionsfordernder von der Talstation der *Fellhorn-Bahn* (917 m) über die *Höflealpe* (1336 m) und die *Wankalpe* (1394 m) im *Warmatsgundtal* zur *Kühgundalpe*

(+ 1:30 h); c. Bergstation der *Kanzelwand-Bahn* (1967 m) als Startort und von hier in den *Gundsattel* oder durch die Scharte unmittelbar beim Gipfel der *Kanzelwand* (2059 m) T 10 und über den direkt dahinter liegenden Abstieg (östlich) zum beschriebenen Normalweg; d. Zustieg zur Hütte aus dem *Kleinwalsertal* T 14; e. Übergang auf dem *Krumbacher Höhenweg* von der *Mindelheimer Hütte* (2058 m, DAV S. 93) T 15.

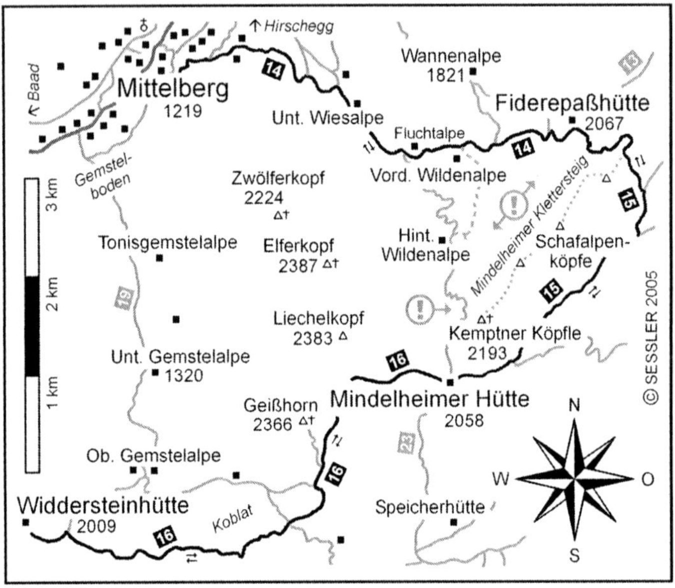

Hauptroutennetz Fiderepasshütte / Mindelheimer Hütte T 14 - T 16

O 14 Fiderepasshütte (2067 m)

ab Mittelberg / Hirschegg

Gehzeit:

Aufstieg 3:15 h, Abstieg 2:15 h

Höhendifferenzen:

\+ 456 hm Mittelberg - Vordere Wildenalpe
\+ 392 hm Vordere Wildenalpe - Fiderepasshütte

Haupt-Stützpunkte:

Mittelberg (1219 m, priv. bew. Gasthäuser)
Hirschegg (1150 m, priv. bew. Gasthäuser)
Fiderepasshütte (2067 m, DAV S. 93)

Anreise:

Auf der Straße B 19 (später 201) ins Kleinwalsertal bis nach Hirschegg (Parkplatz) oder Mittelberg (Parkplatz). Linienbus im Kleinwalsertal.

2 Typischer Aufstieg aus dem Tal (insb. ab *Fluchtalpe* steiler) mit schönen Blicken auf die wuchtigen Felskuppen der *Schafalpenköpfe* (2273 m, 2301 m bzw. 2320 m). Im *Wildental* zunächst mit dem Nordwest-Zustieg zur *Mindelheimer Hütte* identisch. Kartenskizze S. 30. **Infoblock:** ⇨ von *Mittelberg* (oder auch *Hirschegg*) über *Schwendle* (oder *Höfle*) ins *Wildental* ⇨ an den *Wiesalpen* (1298 m) vorbei ⇨ weiter dem Bachlauf folgend auf die drei *Schafalpenköpfe* zu bis zur *Fluchtalpe* (1390 m), wo sich die Materialseilbahn zur *Fiderepasshütte* befindet ⇨ steiler über die *Vordere Wildenalpe* (1675 m) zum *Fiderepass* (2035 m) und zur Hütte. **Alternativen:** a. Zustiegsvarianten aus den Bereichen *Fellhorn* (2038 m) und *Kanzelwand* (2059 m) T 13; b. Übergang auf dem *Krumbacher Höhenweg* von der *Mindelheimer Hütte* (2058 m, DAV S. 93) T 15.

O 15 **Mindelheimer Hütte (2058 m)**
ab Fiderepasshütte

Gehzeit:

Übergangszeit 2:45 h

Höhendifferenzen:

+	133 hm	Fiderepasshütte - Fiderescharte
–	142 hm	Fiderescharte - Mindelheimer Hütte

Haupt-Stützpunkte:

Fiderepasshütte (2067 m, DAV S. 93)
Mindelheimer Hütte (2058 m, DAV S. 93)

Anreise:

Vorheriger Übergang zur Fiderepasshütte u.a. aus dem Bereich der Fellhorn- bzw. Kanzelwandbahn T 13 oder auch Zustieg aus dem Kleinwalsertal durch das Wildental T 14.

2 Alpiner Höhenweg zwischen zwei Alpenvereins-Hütten (insb. bei der *Fiderescharte* etwas steiler und steinig) mit sehr guter Sicht zur Bergwelt am *Heilbronner Weg* T 25 über dem *Rappenalpental*. Kartenskizze S. 30. **Infoblock:** ⇨ von der *Fiderepasshütte* durch die Geröllhänge aufwärts zur *Fiderescharte* (2200 m, auch *Saubuckelscharte* genannt), in deren Bereich sich zugleich der Einstieg zum bekannten *Mindelheimer Klettersteig* befindet (nachfolgenden Hinweis beachten!) ⇨ am *Saubuckel* nach Süden abwärts ⇨ rechter Hand (südwestlich) unter den *Schafalpenköpfen* (2273 m, 2301 m bzw. 2320 m) entlang ⇨ auf

der auch als *Krumbacher Höhenweg* bez. Route ohne größere Steigungen bis zur *Mindelheimer Hütte* mit schöner Aussichtslage. **Alternativen:** a. Aufstieg zur Hütte aus dem *Kleinwalsertal* (im vorderen *Wildental* bis zur *Fluchtalpe* mit dem Nordwest-Zustieg zur *Fiderepasshütte* T 14 identisch), dann aber steiler und etwas anspruchsvoller über die *Hintere Wildenalpe* (1777 m) und durch stellenweise gesicherte Nord-Abstürze bis zur *Kemptner Scharte* (2108 m) unter dem *Kemptner Köpfle* (2193 m) empor; b. Übergang aus dem südlichen Bereich des *Großen Widdersteins* (2533 m) bzw. von der *Widdersteinhütte* (2009 m) T 16; c. Übergang von der *Rappenseehütte* (2091 m, DAV S. 93) T 23 über den *Schrofenpass* (1688 m); d. Zustieg aus dem *Rappenalpental* über die *Schwarze Hütte* (1240 m).

(!) Die direkte Überschreitung der *Schafalpenköpfe* (2273 m, 2301 m bzw. 2320 m) auf dem Grat entspricht dem *Mindelheimer Klettersteig*. Diese Route (insofern alternativer Übergang zwischen *Fiderepasshütte* und *Mindelheimer Hütte*) übersteigt als anspruchsvoller Klettersteig (im Sinne einer speziellen Einstufung handelt es sich um einen mittelschweren Klettersteig im hochalpinen Gelände) deutlich die Anforderungen für den Normalbergwanderer und wurde daher in diesem Führer nicht aufgenommen! Von der Begehung wird ohne hinreichende Klettersteigerfahrung (bzw. der Begleitung durch einen fachkundigen Bergführer) und den Einsatz einer entsprechenden Ausrüstung abgeraten!

O 16 Mindelheimer Hütte (2058 m)

ab Widdersteinhütte

Gehzeit:

Übergangszeit 2:30 h

Höhendifferenzen:

– 037 hm Widdersteinhütte - Gemstelpass
\+ 086 hm Gemstelpass - Mindelheimer Hütte

Haupt-Stützpunkte:

Widdersteinhütte (2009 m, priv. bew.)
Mindelheimer Hütte (2058 m, DAV S. 93)

Anreise:

Vorheriger Zustieg zur Widdersteinhütte u.a. vom Hochtannbergpass (bei Hochkrumbach) T 17 oder aus dem Kleinwalsertal T 19.

2 Alpiner Höhenweg vom südöstlichen Zugangsgebiet des *Großen Widdersteins* (2533 m) bis zur Alpenvereins-Hütte unter dem *Kemptner Köpfle* (2193 m) - mit optionaler Besteigung des

(*Walser-*) *Geißhorns* (2366 m). Kartenskizze S. 30. **Infoblock:** ⇨ von der *Widdersteinhütte* nach Osten in Richtung *Gemstelpass* (1972 m) ⇨ östlich direkt über das *Koblat* (2019 m, auch *Gemstelkoblach* genannt) oder nordöstlicher Zwischenabstieg zur *Oberen Gemstelalpe* (mit deutlichem Höhenverlust) ⇨ bis zum südlichen Kamm des *Geißhorns* ⇨ linker Hand optionaler Abstecher auf dem bez. (steileren) Steig zum Gipfel (im Aufstieg + 250 hm) ⇨ auf dem Höhenweg weiter und später direkt östlich unterhalb von *Liechel-* (2383 m) und *Angerkopf* (2266 m) ohne große Höhendifferenzen bis zur *Mindelheimer Hütte*. **Alternativen:** a. Übergang von der *Fiderepasshütte* (2067 m, DAV S. 93) T 15; b. Aufstieg aus dem *Kleinwalsertal* durch das *Wildental* und über die *Kemptner Scharte* (2108 m, etwas anspruchsvoller); c. Zustieg aus dem *Kleinwalsertal* durch das *Gemsteltal*.

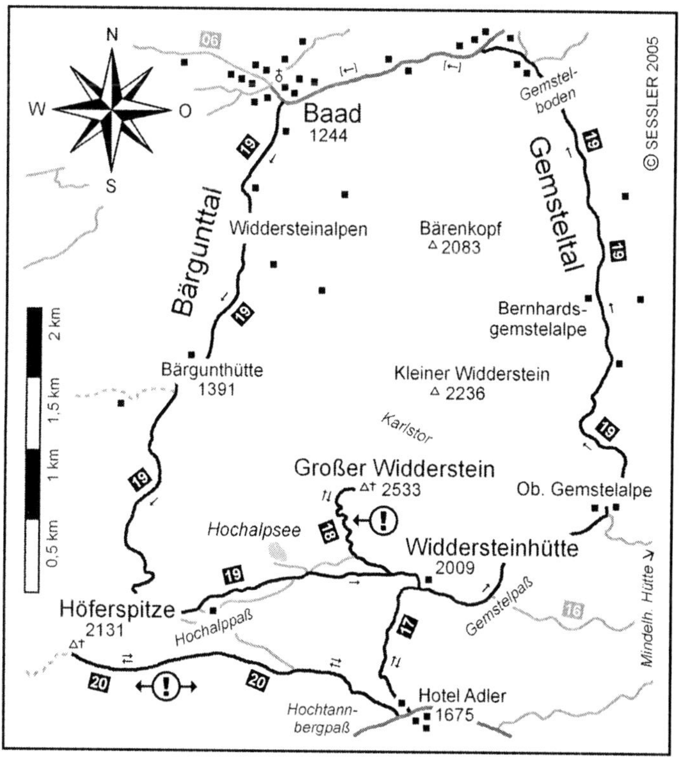

Hauptroutennetz Großer Widderstein / Höferspitze T 17 - T 20

○ 17 Widdersteinhütte (2009 m)
ab Hochtannbergpass

Gehzeit:

Aufstieg 1:00 h, Abstieg 0:45 h

Höhendifferenz:

\+ 334 hm Hotel Adler - Widdersteinhütte

Haupt-Stützpunkte:

Hotel Adler (1675 m, priv. bew.)
Widdersteinhütte (2009 m, priv. bew.)

Anreise:

Auf der Straße 200 südwestlich der Allgäuer Alpen zum Hochtannbergpass (bei Hochkrumbach) bzw. zum hier gelegenen Hotel Adler (Parkplätze direkt am Straßenrand). Linienbus.

1+ Kürzester Zugang auf steinigen (zum Teil etwas steileren) Pfaden im Wiesengelände zur Hütte bzw. dem Felsaufbau des *Großen Widdersteins* (2533 m). Kartenskizze S. 33. **Infoblock:** ⇨ am Hotel *Adler* über die Straße (Wegweiser) ⇨ rechts neben dem großen Graben aufwärts ⇨ später steiniger und etwas steiler durch Serpentinen ⇨ rechter Hand bequem bis zur *Widdersteinhütte* (*Obere Widdersteinalpe*) in der Nähe der Südost-Abstürze des *Widdersteins*. **Alternativen:** a. längere Zustiege aus dem *Kleinwalsertal* T 19 von *Baad* (1244 m, Parkplatz, Bus) durch das *Bärgunttal* oder das *Gemsteltal* (jeweils + 2:00 h, + 430 hm); b. Übergang von der *Mindelheimer Hütte* (2058 m, DAV S. 93) T 16 (umgekehrte Gehrichtung).

Großer Widderstein (Südflanke) vom Hochalppass

Großer Widderstein (2533 m)

Der *Große Widderstein* ist der höchste Gipfel in der direkten Umgebung des *Kleinwalsertals* und dominiert daher viele Aussichten insb. aus Nordwesten (u.a. vom *Hohen Ifen* T 01 / T 02). Der Normalweg T 18 (für Geübte) befindet sich jedoch auf der Südseite des Felsstocks und bleibt somit manchem Betrachter verborgen. Neben dem anspruchsvolleren Aufstieg zum Gipfelkreuz, bietet der Berg aber auch für den "gemäßigten" Bergwanderer eine schöne Option, denn die vollständige Umrundung durch das *Bärgunt*- und das *Gemsteltal* T 19 ist ebenfalls sehr lohnend. Der Zugangsweg aus Richtung Süden vom *Hochtannbergpass* bzw. Hotel *Adler* bei *Hochkrumbach* (1675 m, Parkplatz, Bus) zur priv. bew. *Widdersteinhütte* (2009 m) T 17 bzw. zum Beginn des Gipfelsteigs erspart ca. 430 hm gegenüber der nördlichen Route ab *Baad* (1244 m, Parkplatz, Bus). Letztere wird jedoch, aufgrund des touristischen Backgrounds von *Oberstdorf* und dem *Kleinwalsertal*, stärker von Wanderern frequentiert.

● 18 Großer Widderstein (2533 m)

ab Widdersteinhütte

Gehzeit:

Aufstieg 1:50 h, Abstieg 1:30 h

Höhendifferenz:

\+ 524 hm Widdersteinhütte - Gr. Widderstein

Haupt-Stützpunkt:

Widdersteinhütte (2009 m, priv. bew.)

Anreise:

Vorheriger Zustieg zur Widdersteinhütte u.a. aus Süden vom Hochtannbergpass (bei Hochkrumbach) T 17 oder aus dem Kleinwalsertal T 19.

3- Sehr lohnender Steig (Stellen I) für Geübte mit adäquater Trittsicherheit im durchweg brüchigen Gestein (insofern anspruchsvoller, mit besonderer Steinschlaggefahr im gesamten Verlauf durch Personenauslösung). Ausgezeichnete (unverstellte) Fernsicht. Kartenskizze S. 33.

DETAILBESCHREIBUNG Wir starten unsere Tour bei der *Widdersteinhütte* (Wegweiser), die sich südöstlich vom eigentlichen Gipfelsteig befindet und insofern den günstigsten Ausgangspunkt darstellt.
Zunächst führt der Weg relativ eben am Fuß des imposanten Felsaufbaus entlang und wir passieren den Abzweig (unterer Verbindungsweg) Richtung *Hochalppass* (1938 m) bzw. *Bärgunttal*. Unser Pfad zieht nach oben und wir erreichen den Eingang der zerklüfteten Schlucht, die sich wie eine tiefe Kerbe in die südlichen

Wände des Berges legt (Altschneefelder halten sich hier trotz der Südlage recht lang). Dem geübten Bergwanderer bzw. Bergsteiger sei ab dieser Stelle besonders das Tragen eines Schutzhelmes empfohlen, denn die Aktivitäten anderer Geher (oftmals unerfahrene Bergwanderer ohne hinreichende Trittsicherheit) führen hier (im brüchigen Dolomit) sehr oft zu Steinschlag.

Bis zum Gipfelgrat bleibt nun der Charakter des Steigs nahezu gleich. Uns erwartet eine "Kraxelei" (Stellen I) über kleine Stufen und Bänder, die stets mit Geröllfragmenten in allen erdenklichen Größen bedeckt sind. Immer wieder muss zur Unterstützung des Gleichgewichts eine Hand an den Fels gelegt werden - letztendlich gibt es aber keine größeren Probleme. Es empfiehlt sich, genau den Markierungen zu folgen (bei der Kontrollbegehung waren die wenigen blau / weißen Symbole gut zu erkennen, die älteren roten Farbstriche waren jedoch sehr verwaschen und leicht zu übersehen).

Mit sicheren Schritten (insb. um andere Personen nicht zu gefährden) arbeiten wir uns empor und wechseln bald die Seite der Schlucht. Bei einem spitzen Zulauf finden wir ein paar Halterungen für eine kurze Drahtseilsicherung (welche jedoch bei der Kontrollbegehung nicht vorhanden war und auch nicht unbedingt notwendig ist).

Wir bewegen uns in der unmittelbaren Nähe einer hohen, abweisenden Wand (rechts) und die Route verläuft über mehrere Bänder. Der Fels ist zum Teil stärker abgetreten. Nach einigen plattigen Stellen ist der Gipfelkamm erreicht und es eröffnet sich endlich die prächtige Aussicht nach Norden. Wir wenden uns, mit der entsprechenden Vorsicht an den Gratabbrüchen, nach rechts und es folgt der kurze Schlussanstieg zum Gipfelkreuz.

Der *Große Widderstein* bietet, dank seiner Höhe und der relativ freistehenden Lage, eine herrliche Rundsicht auf die Berge der südwestlichen *Allgäuer Alpen*. Man kann u.a. die gesamte Bergwelt am *Kleinwalsertal* von oben betrachten. Über das *Lechquellengebirge* und die *Lechtaler Alpen* im Süden sind ebenfalls weitreichende Ausblicke möglich. Bemerkenswert ist natürlich auch der dramatisch wirkende Vorgipfel mit seiner schlanken Silhouette.

Abschließend sei noch vermerkt, dass Gipfelaspiranten, die sich dem *Großen Widderstein* von *Baad* (1244 m, Parkplatz, Bus) durch das *Bärgunttal* T 19 nähern, nicht bis zur *Widdersteinhütte* gehen müssen. Unter dem Felsaufbau gibt es bereits südwestlich (östlich vom *Hochalpsee*) einen ausgewiesenen Pfad zum Beginn der Schlucht. Dieser wartet mit viel Geröll und einer etwas schwierigeren Stelle auf.

O 19 Bärgunttal, Hochalppass (1938 m), Gemstelpass (1972 m) und Gemsteltal als Widdersteinrunde

ab Baad

Gehzeit:

Gesamtgehzeit (Rundtour) 5:45 h

Höhendifferenzen:

+	147 hm	Baad - Bärgunthütte
+	546 hm	Bärgunthütte - Hochalppass
+	071 hm	Hochalppass - Widdersteinhütte
–	037 hm	Widdersteinhütte - Gemstelpass
–	728 hm	Gemstelpass - Baad

Haupt-Stützpunkte:

Baad (1244 m, priv. bew. Gasthäuser)
Bärgunthütte (1391 m, priv. bew.)
Widdersteinhütte (2009 m, priv. bew.)

Anreise:

Auf der Straße B 19 (später 201) ins Kleinwalsertal bis nach Baad (hinterste Gemeinde im Talschluss, Parkplatz). Linienbus im Kleinwalsertal.

2 Längere und entsprechend anstrengende Rundtour (teils steil und steinig) um die sehenswerte Bergkulisse der *Widdersteingruppe* herum (ohne den anspruchsvolleren Gipfelzustieg T 18 für Geübte). Kartenskizze S. 33. **Infoblock:** ⇨ von *Baad* auf zunächst breitem Weg südlich ins *Bärgunttal* und an der *Bärgunthütte* vorbei ⇨ bald steiler zur östlichen Abbiegung des Tals ⇨ zwischen dem völlig begrünten Ostgrat der *Höferspitze* (2131 m) T 20 und dem *Großen Widderstein* (2533 m) zum *Hochalppass* ⇨ bald links optionaler Abstecher zum kleinen *Hochalpsee* möglich ⇨ an zwei Abzweigen zum Gipfel des *Großen Widdersteins* T 18 vorbei ⇨ zu *Widdersteinhütte* und *Gemstelpass* ⇨ nördlich interessant und steiler (Sicherungen, Klamm) abwärts zur *Oberen* und *Unteren Gemstelalpe* ⇨ dem *Gemstelbach* folgend talauswärts bis ins *Kleinwalsertal* und über die *Breitach* ⇨ links in ca. 0:30 h zurück nach *Baad* (optionale Fahrt mit dem Bus möglich). **Alternative:** zusätzliche (deutlich anspruchsvollere) Besteigung des Großen Widdersteins T 18 für Geübte in leichter Kletterei (Gesamtgehzeit der Rundtour dann ca. 9:00 h, daher nur für sehr konditionsstarke Geher).

● 20 Höferspitze (2131 m)

ab Hochtannbergpass

Gehzeit:

Aufstieg 1:30 h, Abstieg 1:00 h

Höhendifferenz:

+	456 hm	Hotel Adler - Höferspitze

Haupt-Stützpunkt:

Hotel Adler (1675 m, priv. bew.)

Höferspitze (rechts) vom Ostgrat

Anreise:

Auf der Straße 200 südwestlich der Allgäuer Alpen zum Hochtannbergpass (bei Hochkrumbach) bzw. zum hier gelegenen Hotel Adler (Parkplätze direkt am Straßenrand). Linienbus.

2 Gehtechnisch relativ einfacher Gratweg auf einen schönen Alpenblumengipfel. Aufgrund der sehr schmalen Gratschneide (lehmiger Pfad) und der beidseitigen Ausgesetztheit dennoch etwas Übung, adäquate Trittsicherheit und Schwindelfreiheit erfordernd. Einzigartige Aussicht zum gegenüberliegenden *Großen Widderstein* (2533 m). Kartenskizze S. 33.

DETAILBESCHREIBUNG Die *Höferspitze* befindet sich in unmittelbarer Nachbarschaft zum Felsaufbau des *Großen Widdersteins* (2533 m) T 18 und erlangt deutlich weniger Aufmerksamkeit von den Bergwanderern, die meist dem höheren Massiv zustreben. Dennoch ist der hier zu beschreibende Gipfel ein überaus lohnendes Ziel - es handelt sich um ein grünes Biotop mit zahlreichen Alpenblumen, die im Sommer einen erstaunlich bunten Blütenteppich ausbilden.
Wir starten die Tour am Hotel *Adler* und überqueren die viel befahrene Straße - hier beginnt wenige Meter östlich auch der Zustieg zum *Großen Widderstein* über die priv. bew. *Widdersteinhütte* (2009 m) T 17 / T 18.

Dem Wegweiser folgend, gehen wir jedoch (etwas weiter links) oberhalb eines großen Grabens aufwärts. Der Pfad wartet bald mit einigem Wurzelwerk auf und schlängelt sich durch diverse Büsche.
Wir erreichen ein Weidegelände und gehen um einen kleinen Hügel herum bis zum nächsten Wegweiser. Hier befindet sich ein Abzweig zum *Hochalppass* (1938 m) bzw. weiter ins *Bärgunttal* - wir bleiben jedoch links. Mit schönen Ausblicken nach Norden zum *Widdersteinmassiv* steigen wir sanft auf einem harmlosen Wiesenpfad weiter empor. Erst am Ende der Weidezone ändert sich der Charakter der Route, denn hier beginnt der schärfere Grat. Der schmale Weg wird etwas steiler und es folgen verschiedene Kuppen, welche (stets auf der Gratschneide) zu überqueren sind.
Die Tiefblicke zu beiden Seiten verdeutlichen nun das Dilemma bei der Schwierigkeitsbewertung unserer Tour. Zum einen bewegen wir uns auf einem gehtechnisch nahezu anspruchslosen Pfad, zum anderen könnte ein simples Stolpern einen lebensgefährlichen Sturz in die haltlosen Steilhänge und Abbrüche nach sich ziehen. Es sei daher gerade bei dieser Route (letztendlich gilt dies natürlich für alle Bergwanderungen) darauf hingewiesen, dass nur die persönliche Begutachtung Aufschluss darüber geben kann, ob der scheinbar harmlose Weg (beispielsweise bei mangelnder Schwindelfreiheit) ein unvertretbares Risiko beinhaltet!
Wir nähern uns, auf dem stets gleichbleibenden (lehmigen) Pfad, dem Gipfelkreuz. Es gibt noch ein paar etwas steilere Abschnitte, die jedoch (sofern trocken) keine größeren Probleme bereiten. Am höchsten Punkt des Berges befinden wir uns schließlich inmitten der bereits angesprochenen Blumenpracht. Nordöstlich lässt sich der Verlauf des *Bärgunttals* T 19 begutachten und es gibt einen einzigartigen Blick zum *Widderstein* und dem etwas weiter entfernten *Biberkopf* (2599 m) T 21.
Bergwanderer aus dem *Kleinwalsertal* können die *Höferspitze* durch das *Bärgunttal* erreichen, indem sie (via *Hochalppass*) zunächst Richtung Osten unter dem kompletten Grat (bis zum entsprechenden Wegweiser) entlang gehen.

Biberkopf (2599 m)

Der *Biberkopf* verdient besondere Beachtung, weil er zum einen als südlichster Gipfel Deutschlands bereits eine statistische Sonderstellung einnimmt und zum anderen (für Geübte) sehr interessante Zustiege bzw. die Möglichkeit zur Überschreitung (auch als anstrengende Rundtour) bereit hält. Die Tief- und Fernblicke von dem relativ frei stehenden Berg aus Hauptdolomit, der im Norden vom *Rappenalpental* und auf der gegenüberliegenden Seite vom *Lechtal* umgrenzt wird, sind ebenfalls außerordentlich eindrucksvoll. Es bleibt zu beachten, dass (bezogen auf die jeweiligen Talorte) der interessantere südliche Zugang T 21 von *Lechleiten* (1539 m, Parkplatz) gegenüber einer nördlichen Annäherung von *Einödsbach* (1114 m) über die *Rappenseehütte* (2091 m) immerhin 425 hm und erhebliche Gehzeit im Aufstieg erspart. Letztere Variante wird in der Regel eine Übernachtung auf der Hütte erfordern.

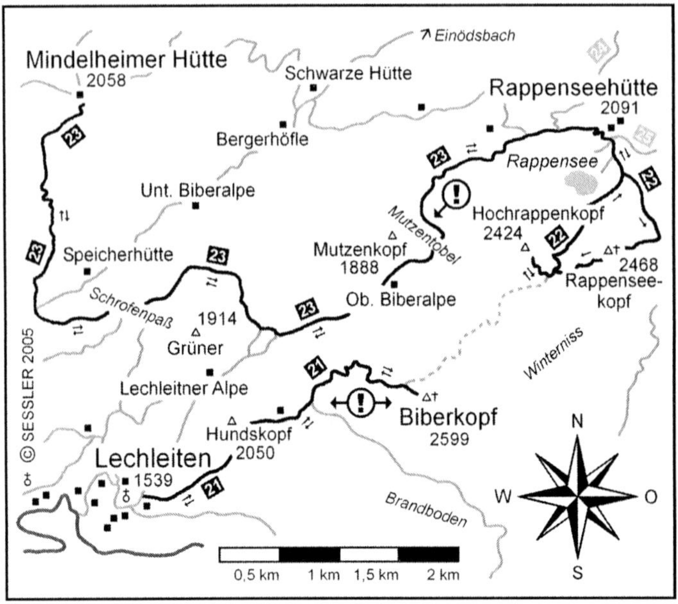

Hauptroutennetz Biberkopf / Rappensee T 21 - T 23

O 21 Biberkopf (2599 m)

ab Lechleiten

Gehzeit:

Aufstieg 3:30 h, Abstieg 2:30 h

Höhendifferenzen:

+ 374 hm Lechleiten - Hundskopfalpe
+ 686 hm Hundskopfalpe - Biberkopf

Haupt-Stützpunkt:

Berggasthaus Alpenrose (1599 m, priv. bew.)

Anreise:

Auf der Straße 198 Richtung Warth und hier (östlich des Ortes) auf einer Nebenstraße nach Lechleiten (Parkmöglichkeit am Ghs. Alpenrose). Linienbus im Tal (Lechleiten / Waldheim).

3 Eindrucksvoller Zustieg für Geübte mit adäquater Trittsicherheit und Schwindelfreiheit (Stellen I+, besondere Steinschlaggefahr in der Gipfelrinne), welcher dank der teilweise vorhandenen Sicherungen bereits leichten Klettersteigcharakter hat. Gipfel mit sehr guter Fernsicht und schönen Tiefblicken. Kartenskizze S. 40. **Infoblock:** ⇨ vom Ghs. *Alpenrose* in *Lechleiten* (1539 m) zunächst über Wiesen empor ⇨ nordöstlich zur *Hundskopfalpe* (1913 m) am *Hundskopf* (2050 m) ⇨ im Bereich des südwestlichen Gratausläufers anspruchsvoller (u.a. gesicherte Platten, Band, Scharte im Grat) bis zur Gipfelrinne, unter der sich auch die Wegverzweigung zur *Rappenseehütte* (2091 m, DAV S. 93) befindet ⇨ durch die Steilrinne (Altschneereste beachten, besondere Steinschlaggefahr) in leichter Kletterei zum Gipfelkreuz mit ausgezeichneten Fernsichten u.a. auf den Hauptkamm der *Allgäuer Alpen* bzw. auf die *Lechtaler Alpen* und den entsprechenden Tiefblicken in die Täler. **Alternativen:** a. Zustieg von der *Rappenseehütte* u.a. über den Sattel zwischen *Hochrappenkopf* (2424 m) und *Rappenseekopf* (2468 m); b. Überschreitung des Berges zur *Rappenseehütte* und evtl. Rundtour über den (insb. bei Nässe oder Schnee gefährlicheren) *Mutzentobel*, die *Schlosswand* (1876 m) und die *Lechleitner Alpe* zurück nach *Lechleiten* (insgesamt ca. 9:00 h, daher nur für sehr konditionsstarke Geher).

O 22 Rappenseekopf (2468 m) und Hochrappenkopf (2424 m)
ab Rappenseehütte

Gehzeit:

Gesamtgehzeit (Rundtour) 2:45 h

Höhendifferenzen:

+	377 hm	Rappenseehütte - Rappenseekopf
–	144 hm	Rappenseekopf - Sattel
+	100 hm	Sattel - Hochrappenkopf
–	333 hm	Hochrappenkopf - Rappenseehütte

Haupt-Stützpunkt:

Rappenseehütte (2091 m, DAV S. 93)

Anreise:

Vorheriger Zustieg zur Rappenseehütte u.a. von Einödsbach (bei Oberstdorf) T 24, Übergang von der Mindelheimer Hütte T 23 oder verschiedene Variationen von Lechleiten bzw. Holzgau.

2+ Lohnende Rundtour für Geher mit etwas Übung und adäquater Trittsicherheit (bei der Überschreitung des *Rappenseekopfes* Stellen I). Durch Schutt und steile Schrofenhänge auf zwei aussichtsreiche Gipfel über dem *Rappensee* (2047 m) bzw. der entsprechenden Alpenvereins-Hütte. Kartenskizze S. 40. **Infoblock:** ⇨ von der *Rappenseehütte* zunächst nach Süden ⇨ an der entsprechenden Wegteilung nach links (Südosten) ⇨ über die Ostflanke (teils auch etwas ausgesetzt, insofern anspruchsvollster Abschnitt der Tour) auf den *Rappenseekopf* ⇨

Überschreitung nach Westen und zum Sattel zwischen den beiden Gipfeln ⇨ über einen weitgehend problemlosen Hang auf den *Hochrappenkopf* ⇨ zurück zum Sattel ⇨ von hier direkt und steil hinab zum *Rappensee*. **Alternative:** auch im Aufstieg auf dem westlichen Weg (etwas leichter) direkt zum Sattel und von hier jeweils Abstecher zu den beiden Gipfelzielen.

O 23 **Rappenseehütte (2091 m)**
ab Mindelheimer Hütte

Gehzeit:

Übergangszeit 5:30 h

Höhendifferenzen:

–	569 hm	Mindelheimer Hütte - Haldenwanger Bach
+	166 hm	Haldenwanger Bach - Schrofenpass
+	403 hm	Schrofenpass - Rappenseehütte

Haupt-Stützpunkte:

Mindelheimer Hütte (2058 m, DAV S. 93)
Rappenseehütte (2091 m, DAV S. 93)

Anreise:

Vorheriger Übergang zur Mindelheimer Hütte u.a. von der Fiderepasshütte T 15 oder auch der Widdersteinhütte (Bereich Hochtannbergpass) T 16, bzw. direkte Talzustiege aus dem Kleinwalsertal oder Rappenalpental.

Biberkopf (Südwestflanke) von Warth

2 Längerer (insb. im Bereich *Haldenwanger Bach / Schrofenpass* recht steiler) alpiner Höhenweg zwischen zwei DAV-Hütten. Im nur stellenweise gesicherten *Mutzentobel* bei Nässe oder Schnee besonders gefährlich. Kartenskizze S. 40. **Infoblock:** ⇨ von der *Mindelheimer Hütte* südlich, mit nicht unerheblicher Höhendifferenz, steil abwärts ⇨ bis zum *Haldenwanger Bach* (1522 m, tiefste Stelle der Tour) ⇨ nach Osten steil aufwärts zum *Schrofenpass* (1688 m) ⇨ um den *Grünen* (1914 m) herum zum Bereich *Salzbüheljoch* und zum höchsten Punkt der *Schlosswand* (1876 m) ⇨ über die *Obere Biberalpe* bald in den wilden *Mutzentobel* ⇨ an der *Schafalpe* vorbei und in einem großen, in den Hängen nordwestlich verlaufenden Bogen um das *Rappenköpfle* (2276 m) herum ⇨ zum Abfluss (*Seebach*) des *Rappensees* und letztendlich bis zur idyllisch gelegenen *Rappenseehütte*. **Alternativen:** a. Zustieg aus Südwesten von *Lechleiten* (1539 m, Parkplatz) über die *Lechleitner Alpe* (1783 m) und ebenfalls zum *Mutzentobel*; b. bekanntester und stark frequentierter Zugang aus dem Großbereich *Oberstdorf* von *Einödsbach* (1114 m) im vorderen *Rappenalpental* T 24; c. zum Teil anspruchsvollere Varianten, wie z.B. die Überschreitung des *Biberkopfes* (2599 m) T 21 von *Lechleiten*, der beliebte *Heilbronner Weg* T 25 (umgekehrte Gehrichtung) oder die Routen durch das *Schochenalp-* bzw. *Hochalptal*.

○ 24 Rappenseehütte (2091 m)

ab Einödsbach

Gehzeit:

Aufstieg 3:15 h, Abstieg 2:15 h

Höhendifferenzen:

+ 667 hm Einödsbach - Enzianhütte
+ 310 hm Enzianhütte - Rappenseehütte

Haupt-Stützpunkte:

Enzianhütte (1779 m, priv. bew.)
Rappenseehütte (2091 m, DAV S. 93)

Anreise:

Auf der Straße B 19 (u.a. über Immenstadt und Sonthofen) bis Oberstdorf (Linienbus, Ortsbus, Bahnhof) und hier ins Stillachtal (Beschilderung zur Fellhornbahn folgen, Parkplatz an der Talstation). Weiterer Talverlauf für den öffentlichen Verkehr gesperrt - jedoch ab Oberstdorf reguläre Busverbindung bis Birgsau bzw. Pferde-Stellwagen bis Einödsbach.

2 Stark frequentierter Zustieg (teils mit steileren Abschnitten) zur Alpenvereins-Hütte am bekannten Bergsee mit schöner Felsumrahmung. Kartenskizze S. 44. **Infoblock:** ⇨ von

Einödsbach (1114 m, Deutschlands südlichste Dauersiedlung) über den Abfluss des *Bacherlochs* hinauf zur *Petersalpe* (1296 m) bzw. zuvor vom Parkplatz der Talstation der *Fellhornbahn* (917 m, + 1:00 h) oder von *Birgsau* (956 m, + 0:35 h) hierher ⇨ durch einen steilen Abschnitt zur *Enzianhütte* ⇨ weiter Richtung Südwesten zum Kamm beim *Mußkopf* (1969 m) ⇨ später östlich direkt aufwärts zur Hütte oder in einem Bogen (zunächst südlich) um den aussichtsreichen *Seebichel* (2110 m) herum und am *Rappensee* (2047 m) entlang zum Ziel. **Alternativen:** a. Zustieg aus Südwesten von *Lechleiten* (1539 m, Parkplatz) über die *Lechleitner Alpe* (1783 m) und den (insb. bei Nässe oder Schnee gefährlicheren) *Mutzentobel*; b. Übergang von der *Mindelheimer Hütte* (2058 m, DAV S. 93) T 23; c. zum Teil anspruchsvollere Varianten, wie die Überschreitung des *Biberkopfs* (2599 m) T 21 von *Lechleiten*, der *Heilbronner Weg* T 25 (umgekehrte Gehrichtung) oder die Routen durch das *Schochenalp-* bzw. *Hochalptal*.

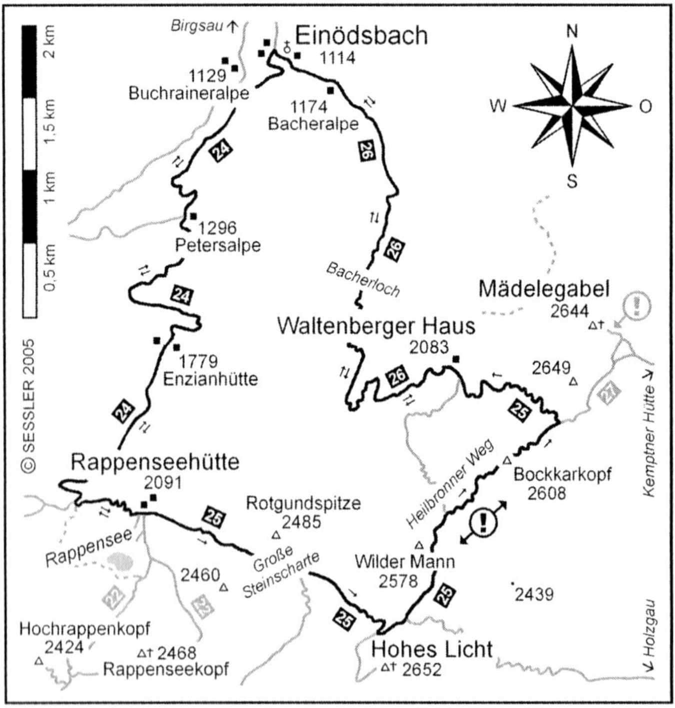

Hauptroutennetz Rappenseehütte / Heilbronner Weg T 24 - T 26

Heilbronner Weg

Der bereits in den Jahren 1889 - 1899 unter Schirmherrschaft der Alpenvereins-Sektionen Allgäu-Kempten und Heilbronn erschlossene *Heilbronner Weg* gehört zu den bekanntesten Routen im gesamten nördlichen Alpenraum und ist somit selbstverständlich auch ein "Highlight" der *Allgäuer Alpen*. Es handelt sich um einen sehr gut gesicherten hochalpinen Höhenweg (für Geübte) in faszinierender Umgebung, der jedoch, im Sinne einer korrekten sprachlichen Einordnung, bereits mit dem Zusatz "mäßig schwieriger Klettersteig" versehen werden muss. Da sich die relevante Wegführung zwischen der *Kleinen Steinscharte* (2541 m) und der *Östl. Bockkarscharte* (2523 m) befindet, bieten sich u.a. zwei beliebte Begehungsvarianten an. Der Übergang von der *Rappenseehütte* (2091 m, DAV S. 93) zum *Waltenberger Haus* (2083 m, DAV S. 93) T 25 stellt die kürzeste Strecke dar (aus dem Tal T 24 + T 25 + T 26, T 26 in umgekehrter Gehrichtung, als 2-Tagestour empfohlen). Zum anderen kann der *Heilbronner Weg* bis zur *Kemptner Hütte* (1844 m, DAV S. 93) T 27 in der Hochlage weitgehend problemlos verlängert werden (aus dem Tal T 24 + T 25 + T 27, T 27 in umgekehrter Gehrichtung, als 2- oder auch 3-Tagestour empfohlen). Bei letzterer Alternative bietet sich zudem der Schlussabstieg in die *Spielmannsau* bei *Oberstdorf* T 28 (in umgekehrter Gehrichtung) an. Das *Hohe Licht* (2652 m) und auch die *Mädelegabel* (2644 m) werden, als spektakuläre und sehr aussichtsreiche Begrenzungsgipfel, gern zusätzlich "mitgenommen".

O 25 Kleine Steinscharte (2541 m), Steinschartenkopf (2615 m), Bockkarkopf (2608 m), Östliche Bockkarscharte (2523 m) und Waltenberger Haus (2083 m) via Heilbronner Weg

ab Rappenseehütte

Gehzeit:

Übergangszeit 4:30 h

Höhendifferenzen:

+	450 hm	Rappenseehütte - Kleine Steinscharte
+	074 hm	Kleine Steinscharte - Steinschartenkopf
–	169 hm	Steinschartenkopf - Socktalscharte
+	162 hm	Socktalscharte - Bockkarkopf
–	085 hm	Bockkarkopf - Östl. Bockkarscharte
–	440 hm	Östl. Bockkarscharte - Waltenberger Haus

Haupt-Stützpunkte:

Rappenseehütte (2091 m, DAV S. 93)
Waltenberger Haus (2083 m, DAV S. 93)

Anreise:

Vorheriger Zustieg zur Rappenseehütte u.a. von Einödsbach (bei

Oberstdorf) T 24, Übergang von der Mindelheimer Hütte T 23 oder verschiedene Variationen von Lechleiten bzw. Holzgau.

3

K

Sehr lohnender und beliebter hochalpiner Höhenweg bzw. Klettersteig (als solcher nur mäßig schwierig) für Geübte mit adäquater Trittsicherheit, Kondition und Schwindelfreiheit. Spektakuläre Umgebung auf dem Hauptkamm der *Allgäuer Alpen* (besondere Gefahr bei unsicherer Wetterlage bzw. Schnee oder Vereisung im Steig). Optionale Besteigung des *Hohen Lichts* (2652 m, zweithöchster Gipfel der *Allgäuer Alpen*) möglich. Kartenskizze S. 44. **Infoblock:** ⇨ von der *Rappenseehütte* südöstlich zur *Großen Steinscharte* (2263 m) hinauf und durch das *Wiesleskar* ⇨ weiter (gesicherte Rinne) bis zur Wegteilung, wo rechts ein (durchaus lohnender) optionaler Abstecher zum aussichtsreichen *Hohen Licht* (im Aufstieg + 0:45 h, + 212 hm) möglich ist ⇨ von der Weggabelung durch die Abstürze des Berges zum *Heilbronner Törl* und zur *Kleinen Steinscharte* ⇨ südöstlich bis zu einer längeren Leiter und mit ihrer Hilfe auf den *Steinschartenkopf* ⇨ gesichert durch östliche Abstürze am *Wilden Mann* (2578 m) vorbei ⇨ in die *Socktalscharte* (2446 m, Notabstieg) und auf den *Bockkarkopf* ⇨ bis in die *Östliche Bockkarscharte* ⇨ an der Wegteilung links ins *Vordere Bockkar* hinab und in Serpentinen steil zum *Waltenberger Haus*. **Alternativen:** a. Verkürzung des Wegs (u.a. als Notabstieg) - aus der *Socktalscharte* steil nordwestlich ins *Hintere Bockkar* und von hier zum *Waltenberger Haus* (1:15 h); b. von der *Östlichen Bockkarscharte* weitgehend problemlose Verlängerung zur *Kemptner Hütte* (1844 m, DAV S. 93) T 27; c. lange und entsprechend anstrengende Talzustiege von *Holzgau* (1103 m, Parkplatz, Bus) durch das *Schochenalptal* zur *Kleinen Steinscharte* oder durch das *Hochalptal* ins *Wiesleskar*.

O 26 Waltenberger Haus (2083 m)

ab Einödsbach

Gehzeit:

Aufstieg 3:00 h, Abstieg 2:15 h

Höhendifferenz:

\+ 969 hm Einödsbach - Waltenberger Haus

Haupt-Stützpunkte:

Berggasthof Einödsbach (1114 m, priv. bew.)
Waltenberger Haus (2083 m, DAV S. 93)

Anreise:

Auf der Straße B 19 (u.a. über Immenstadt und Sonthofen) bis Oberstdorf (Linienbus, Ortsbus, Bahnhof) und hier ins Stillachtal

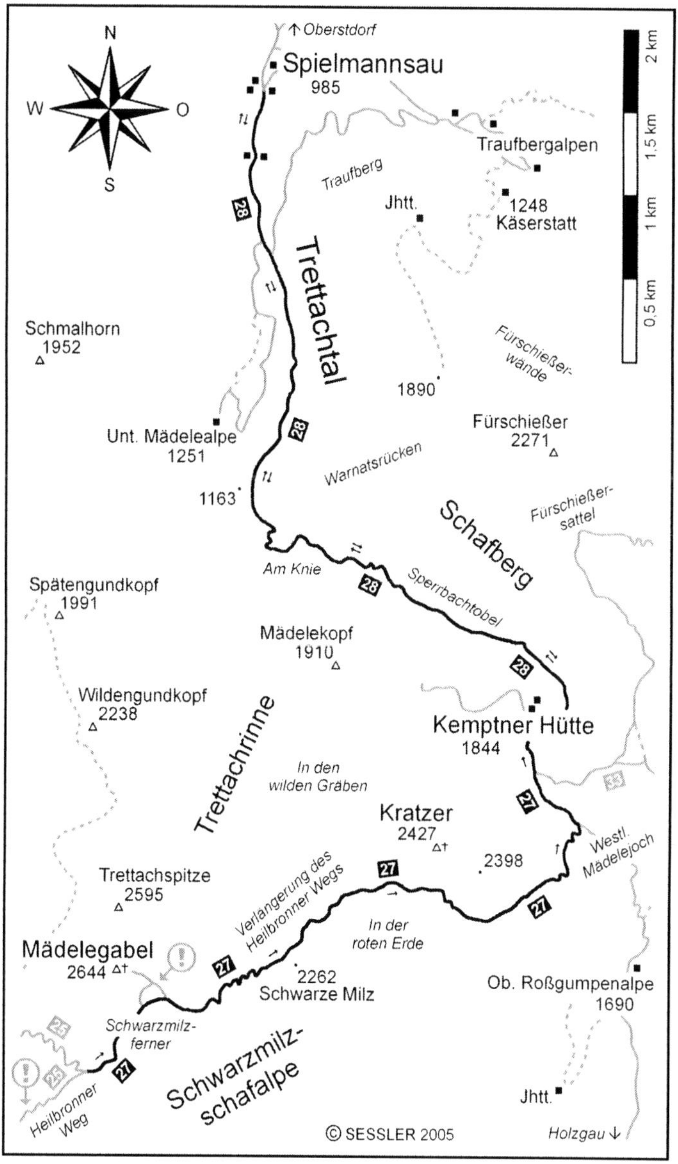

Hauptroutennetz Kemptner Hütte T 27 - T 28

(Beschilderung zur Fellhornbahn folgen, Parkplatz an der Talstation). Weiterer Talverlauf für den öffentlichen Verkehr gesperrt - jedoch ab Oberstdorf reguläre Busverbindung bis Birgsau bzw. Pferde-Stellwagen bis Einödsbach.

2+ Hüttenzustieg durch das wild-romantische *Bacherloch* für Geher mit etwas Übung, adäquater Trittsicherheit und Schwindelfreiheit (u.a. über eine relativ ausgesetzte Steilstufe). Kartenskizze S. 44. **Infoblock:** ⇨ von *Einödsbach* (1114 m, Deutschlands südlichste Dauersiedlung) südöstlich zur *Bacheralpe* (1174 m) bzw. zuvor vom Parkplatz an der nahegelegenen Talstation der *Fellhornbahn* (917 m, + 1:00 h) oder von *Birgsau* (956 m, + 0:35 h) hierher ⇨ über den Abfluss vom *Katzentobel* und nach Süden ins *Bacherloch* ⇨ zwischen *Heubaum* und *Laubschrofen* in den Steilhängen aufwärts zum *Schneeloch* ⇨ zuvor jedoch nach links und über eine ausgesetzte (gesicherte) Stufe in den unteren Bereich des *Vorderen Bockkars* ⇨ hinauf zum *Waltenberger Haus*. **Alternative:** Abstieg von der *Östlichen Bockkarscharte* (2523 m) zum *Waltenberger Haus* - u.a. als kurze Variante des *Heilbronner Wegs* für Geübte T 25 oder auch als Übergang von der *Kemptner Hütte* T 27 via *Schwarzmilzferner* (in umgekehrter Gehrichtung).

○ 27 Kemptner Hütte (1844 m) über die Verlängerung des Heilbronner Wegs

ab Östl. Bockkarscharte

Gehzeit:

Übergangszeit 2:30 h

Höhendifferenz:

– 679 hm Östl. Bockkarscharte - Kemptner Hütte

Haupt-Stützpunkt:

Kemptner Hütte (1844 m, DAV S. 93)

Anreise:

Vorherige Begehung des Heilbronner Wegs T 25 oder Aufstieg zum Waltenberger Haus T 26 mit Verlängerung durch das Vordere Bockkar zur Östl. Bockkarscharte.

2 Einfachere Fortsetzung (jetzt als "normaler" alpiner Höhenweg) des *Heilbronner Wegs* u.a. über den *Schwarzmilzferner*. Optionale (anspruchsvollere) Besteigung der *Mädelegabel* (2644 m, vierthöchster Gipfel der *Allgäuer Alpen*) für Geübte. Kartenskizze S. 47. **Infoblock:** ⇨ bei der Wegteilung in der *Östlichen Bockkarscharte* (2523 m) nach rechts (Nordosten) ⇨ über den *Schwarzmilzferner*, einen bei normalen Verhältnissen zum Schneefeld degradierten Miniatur-Gletscher unter den Wänden von *Hochfrottspitze* (2649 m) und *Mädelegabel* ⇨ linker Hand optionaler Abstecher (in leichter Kletterei via Ostgrat) auf die *Mädelegabel* (im Aufstieg + 0:40 h, + 164 hm), für Geübte mit adäquater Trittsicherheit (Stellen I+, mit besonderer Steinschlaggefahr durch Personenauslösung) ⇨ auf dem Höhenweg weiter und bald am kleinen *Schwarzmilzsee* (2250 m) vorbei ⇨ unterhalb vom *Kratzer* (2427 m) nach Osten und um seine Ausläufer herum ⇨ noch vor dem *Westlichen Mädelejoch* (1974 m) nördlich abwärts bis zum *Europäischen Fernwanderweg E5*, der die *Kemptner Hütte* u.a. auch mit dem *Lechtal* verbindet ⇨ auf diesem Weg jedoch links zum Ziel der Tour.

O **28 Kemptner Hütte (1844 m)**
ab Spielmannsau

Gehzeit:

Aufstieg 2:45 h, Abstieg 2:00 h

Höhendifferenz:

\+ 859 hm Spielmannsau - Kemptner Hütte

Haupt-Stützpunkte:

Berggasthof Spielmannsau (985 m, priv. bew.)
Kemptner Hütte (1844 m, DAV S. 93)

Anreise:

Auf der Straße B 19 (u.a. über Immenstadt und Sonthofen) bis Oberstdorf (Linienbus, Ortsbus, Bahnhof). Hier, ca. 3 km der Beschilderung zur Fellhornbahn folgend, bis zum Oberen Renksteg (Parkplatz und Bushaltestelle am Eingang des Stillachtals - insofern auch für das Trettachtal und die Spielmannsau der nächstgelegene Parkplatz). Trettachtal für den öffentlichen Verkehr gesperrt - jedoch ab Oberstdorf Shuttle-Bus (Anmeldung) bzw. Pferde-Stellwagen bis Spielmannsau.

2 Teils steilerer Hüttenzustieg durch den wilden *Sperrbachtobel* (insb. bei Regen mit besonderer Steinschlaggefahr). Kartenskizze S. 47. **Infoblock:** ⇨ vom Ghs. *Spielmannsau* auf dem *Europäischen Fernwanderweg E5* noch relativ eben nach Süden bzw. zuvor vom Parkplatz am *Oberen Renksteg* (820 m, + 1:20 h) problemlos hierher ⇨ über den *Sperrbach* und *Am Knie* links in das entsprechende Seitental ⇨ nochmals über den Bach und dem *Sperrbachtobel* folgend aufwärts ⇨ letztlich in einem Bogen rechts zur *Kemptner Hütte*. **Alternativen:** a. Zugang vom *Waltenberger Haus* oder dem *Heilbronner Weg* (für Geübte) bzw. dessen Verlängerung aus Südwesten T 25 / T 27; b. südlicher Talzustieg von *Holzgau* (1103 m, Parkplatz, Bus) durch das *Höhenbachtal* (3:30 h); c. Übergang von der *Hermann-von-Barth-Hütte* (2131 m, DAV S. 93) T 33 (4:45 h, umgekehrte Gehrichtung).

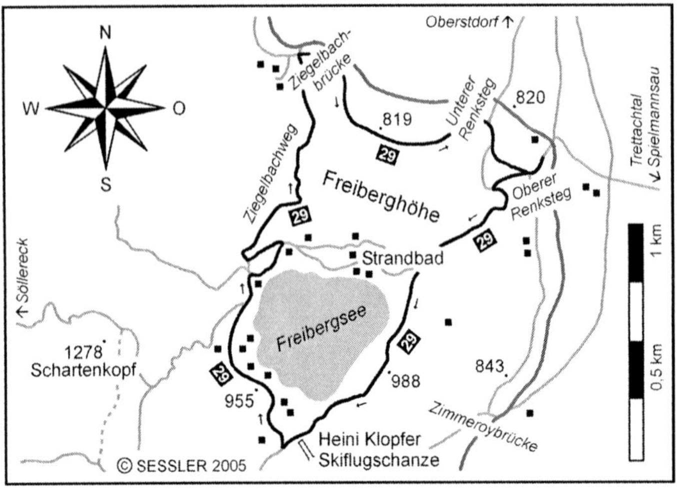

Hauptroutennetz Freibergsee T 29

O **29 Freibergsee (930 m)**
ab Oberer Renksteg

Gehzeit:

Gesamtgehzeit (Rundtour) 2:00 h

Höhendifferenzen:

+	110 hm	Oberer Renksteg - Freibergsee
+	060 hm	Freibergsee - Skiflugschanze
–	170 hm	Skiflugschanze - Oberer Renksteg

Haupt-Stützpunkte:

Strandbad / Rest. Freibergsee (950 m, priv. bew.)
Imbiss Skiflugschanze (990 m, priv. bew.)

Anreise:

Auf der Straße B 19 (u.a. über Immenstadt und Sonthofen) bis Oberstdorf (Linienbus, Ortsbus, Bahnhof). Hier, ca. 3 km der Beschilderung zur Fellhornbahn folgend, bis zum Oberen Renksteg (Parkplatz und Bushaltestelle am Eingang des Stillachtals).

1 Einfache Wanderung für Jedermann auf breiten Wegen (ein Oberstdorfer Spaziergang) zu einem See mit Strandbad und zur Skiflugschanze. Kartenskizze S. 50. **Infoblock:** ⇨ am *Oberen Renksteg* (820 m) über die *Stillach* ⇨ hinter der Brücke kurz

Freibergsee und Schattenberg vom Südwestufer

rechts und dann links (Wegweiser) steiler im Wald aufwärts ⇨ noch vor dem Bergsee (Strandbad) dem Wegweiser zur *Heini-Klopfer-Skiflugschanze* folgend ⇨ am oberen Sprungturm (990 m) vorbei und rechts weiter um den *Freibergsee* herum ⇨ linker Hand bald auf einen der beiden Abzweige zum etwas steileren *Ziegelbachweg* (sehr unsichere Geher bzw. Spaziergänger sollten den See komplett umrunden und auf dem ursprünglichen Weg absteigen - für einen Bergwanderer ist der *Ziegelbachweg* jedoch kaum problematisch) ⇨ abwärts zur *Ziegelbachbrücke* (812 m) ⇨ an der *Stillach* flussaufwärts zum Ausgangspunkt der Wanderung.

O 30 Guggersee (1709 m)

ab Birgsau

Gehzeit:

Aufstieg 2:15 h, Abstieg 1:45 h

Höhendifferenz:

\+ 753 hm Birgsau - Guggersee

Haupt-Stützpunkt:

Hotel / Rest. Birgsauer Hof (956 m, priv. bew.)

Anreise:

Auf der Straße B 19 (u.a. über Immenstadt und Sonthofen) bis Oberstdorf (Linienbus, Ortsbus, Bahnhof) und hier ins Stillachtal

(Beschilderung zur Fellhornbahn folgen, Parkplatz an der Talstation). Weiterer Talverlauf für den öffentlichen Verkehr gesperrt - jedoch reguläre Busverbindung bis Birgsau.

2 Bergwanderung (teils auf steilen und steinigen Pfaden) zu einem Aussichtsbalkon ersten Ranges mit freier Sicht auf die *Mädelegabelgruppe*. Kartenskizze S. 52. **Infoblock:** ⇨ bei *Birgsau* (956 m) über die *Stillach* (auf die westliche Seite) bzw. vorher zu Fuß vom Parkplatz an der Talstation der *Fellhornbahn* (917 m, + 0:25 h) hierher ⇨ südwestlich (teils etwas steiler) in der Flanke vom *Scheidbühel* (1512 m) empor ⇨ nochmals steil zum *Gugger* (1715 m) hinauf ⇨ weiter zum winzigen *Guggersee* mit unverstelltem Panoramablick zu *Trettachspitze* (2595 m), *Mädelegabel* (2644 m), *Hochfrottspitze* (2649 m) und der sonstigen Bergwelt am *Heilbronner Weg* T 25 über dem *Rappenalpental*. **Alternative:** Abstieg (als Rundtour, + 0:50 h) über die verf. *Vordere Taufersbergalpe* (1728 m) ins *Rappenalpental* und von hier, langwierig dem *Rappenalpenbach* (er wird später zur *Stillach*) folgend, über *Einödsbach* (1114 m, Gasthaus mit Unterkunft, Deutschlands südlichste Dauersiedlung) nach *Birgsau*.

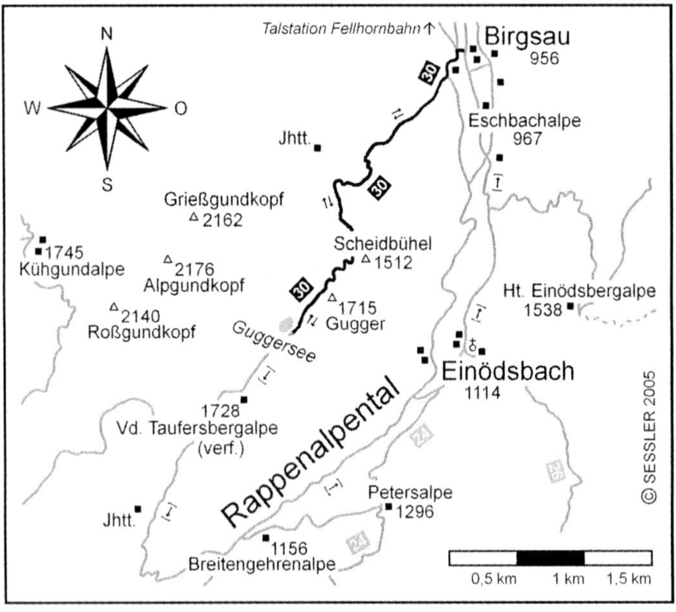

Hauptroutennetz Guggersee T 30

O **31 Muttlerkopf (2366 m)**
ab Kemptner Hütte

Gehzeit:

Aufstieg 2:15 h, Abstieg 1:30 h

Höhendifferenzen:

+ 189 hm Kemptner Hütte - Östliches Mädelejoch
+ 333 hm Östliches Mädelejoch - Muttlerkopf

Haupt-Stützpunkt:

Kemptner Hütte (1844 m, DAV S. 93)

Anreise:

Vorheriger Zustieg zur Kemptner Hütte u.a. von Spielmannsau (bei Oberstdorf) T 28, über die Verlängerung des Heilbronner Wegs T 25 / T 27 oder auch durch das südlich gelegene Höhenbachtal von Holzgau.

2 Weitgehend problemloser Anstieg (jedoch besondere Vorsicht am Gipfel!) in der südöstlichen Flanke des über der *Kemptner Hütte* gelegenen Berges. Insofern die leichtere Alternative zum *Großen Krottenkopf* (2657 m) T 32. Kartenskizze S. 54. **Infoblock:** ⇨ von der *Kemptner Hütte* kurz auf dem *Europäischen Fernwanderweg E5* südlich, dann am Abzweig nach Osten hinauf zum *Östlichen Mädelejoch* (2033 m) ⇨ bald links ab und nach Norden zum eigentlichen Aufstieg ⇨ bis zum Gipfel mit einer Aussicht, die der vom bekannteren (und direkt benachbarten) *Großen Krottenkopf* kaum nachsteht.

Großer Krottenkopf (2657 m)

Der *Große Krottenkopf*, welcher bereits zur östlich vom Hauptkamm wegschwenkenden *Hornbachkette* gerechnet wird, stellt den höchsten Punkt der *Allgäuer Alpen* dar und ist schon aus diesem Grund ein lohnendes Ziel für zahlreiche "Gipfelsammler". Der Berg befindet sich in direkter Nachbarschaft u.a. zur *Oefnerspitze* (2575 m), *Marchspitze* (2610 m) und dem *Ramstallkopf* (2536 m). Da er diese, wie auch den unmittelbar angeschlossenen *Kleinen Krottenkopf* (2577 m) überragt, ist die Fernsicht ausgezeichnet. *Hinter* den nordwestlichen Abstürzen (im oberen *Hermannskar*, beim *Hennenwinkel*) versteckt sich zudem der ansehnliche *Hermannskarsee* (2216 m). Der steilere Gipfelzustieg T 32 (für Geher mit etwas Übung, Stellen I) beginnt im Bereich der *Krottenkopfscharte* (2350 m), die u.a. aus Westen von der *Kemptner Hütte* (1844 m, DAV S. 93) oder aus Osten von der *Hermann-von-Barth-Hütte* (2131 m, DAV S. 93) auf dem entsprechenden Verbindungsweg erreicht werden kann.

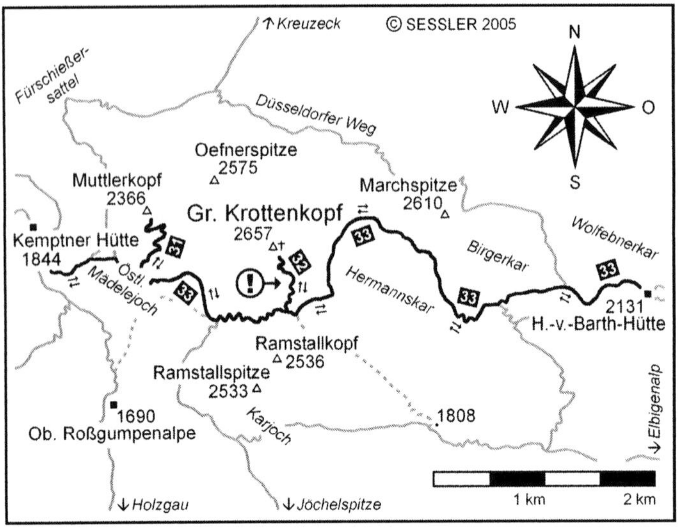

Hauptroutennetz Großer Krottenkopf T 31 - T 33

O 32 Großer Krottenkopf (2657 m)

ab Kemptner Hütte

Gehzeit:

Aufstieg 3:15 h, Abstieg 2:15 h

Höhendifferenzen:

+ 506 hm Kemptner Hütte - Krottenkopfscharte
+ 307 hm Krottenkopfscharte - Großer Krottenkopf

Haupt-Stützpunkt:

Kemptner Hütte (1844 m, DAV S. 93)

Anreise:

Vorheriger Zustieg zur Kemptner Hütte u.a. von Spielmannsau (bei Oberstdorf) T 28, über die Verlängerung des Heilbronner Wegs T 25 / T 27 oder durch das Höhenbachtal von Holzgau.

2+ Zum Teil steiler und felsiger Steig auf den höchsten Gipfel (dementsprechend einzigartige Aussicht) der *Allgäuer Alpen* für Geher mit etwas Übung und adäquater Trittsicherheit (Stellen I, besondere Steinschlaggefahr). Kartenskizze S. 54. **Infoblock:** ⇨ von der *Kemptner Hütte* kurz südlich, dann nach Osten hinauf zum *Östlichen Mädelejoch* (2033 m) ⇨ etwas abwärts und in einem Bogen (am oberen Rand) durch das *Roßgumpenkar* ⇨ an den jeweiligen Abzweigen der Pfade ins *Höhenbachtal* bzw. zum *Karjoch* (2305 m) vorbei ⇨ mühsam hinauf zur *Krottenkopfscharte* (2350 m) ⇨ vor der Scharte links ab (Wegweiser) und nördlich, teilweise in leichter Kletterei (geröllbedeckte Platten, Felsstufen), bis zum Gipfel mit herrlicher Aussicht auf den gesamten Gebirgszug. **Alternative:** etwas längerer Zugang (+ 0:30 h) zur *Krottenkopfscharte* von der *Hermann-von-Barth-Hütte* (2131 m, DAV S. 93) auf dem entsprechenden Verbindungsweg T 33 (in umgekehrter Gehrichtung).

O 33 Hermann-von-Barth-Hütte (2131 m)

ab Kemptner Hütte

Gehzeit:

Übergangszeit 5:30 h

Höhendifferenzen:

+	506 hm	Kemptner Hütte - Krottenkopfscharte
–	130 hm	Krottenkopfscharte - Hermannskar
+	100 hm	Hermannskar - Schafsschartl
–	100 hm	Schafsschartl - Birgerkar
–	089 hm	Birgerkar - Hermann-von-Barth-Hütte

Haupt-Stützpunkte:

Kemptner Hütte (1844 m, DAV S. 93)
Hermann-von-Barth-Hütte (2131 m, DAV S. 93)

Anreise:

Vorheriger Zustieg zur Kemptner Hütte u.a. von Spielmannsau (bei Oberstdorf) T 28, über die Verlängerung des Heilbronner Wegs T 25 / T 27 oder durch das Höhenbachtal von Holzgau.

2 Höhenweg durch Hochkare und über die südlichen Ausläufer des *Großen Krottenkopfs* (2657 m) T 32 bzw. der östlich benachbarten Spitzen. Kartenskizze S. 54. **Infoblock:** ⇨ wie auch in T 32 von der *Kemptner Hütte* zum *Östlichen Mädelejoch* (2033 m) und bald mühsam zur *Krottenkopfscharte* (2350 m) hinauf ⇨ optionaler Abstecher (im Aufstieg + 1:00 h, + 307 hm) auf den *Großen Krottenkopf* in leichter Kletterei (Stellen I, besondere Steinschlaggefahr) für Geher mit etwas Übung und adäquater Trittsicherheit möglich ⇨ von der Scharte östlich abwärts ins *Hermannskar* und in einem Bogen am *Hermannskarsee* (2216 m) vorbei ⇨ unter der *Marchspitze* (2610 m) zu den Abstürzen vom *Hermannskar-Turm* (2466 m) und zum *Schafsschartl* ⇨ hinab ins *Birgerkar* (Abzweig eines Weges nach *Elbigenalp*) und zum auslaufenden *Ilfenspitzgrat* ⇨ letztendlich ins *Wolfebnerkar* und zur *Hermann-von-Barth-Hütte*. **Alternative:** u.a. Zustieg aus dem *Lechtal* (im Aufstieg 3:00 h, 1091 hm) von *Elbigenalp* (1040 m, Parkplatz, Bus) über *Kasermandl* (1400 m).

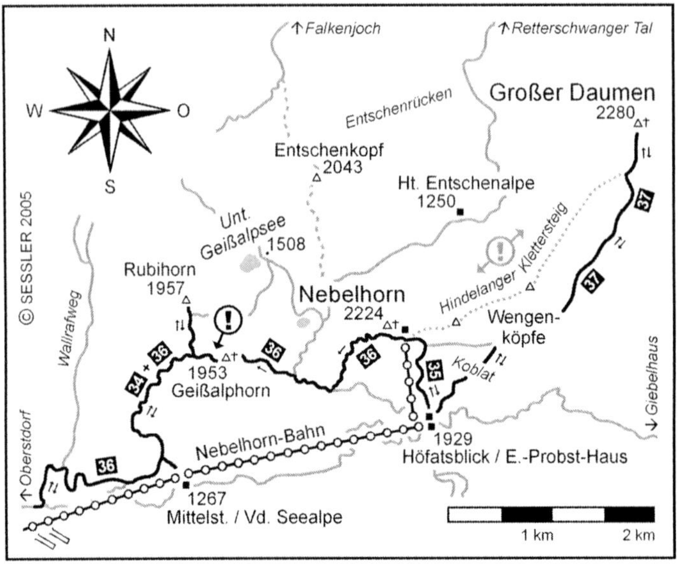

Hauptroutennetz Nebelhorn / Großer Daumen T 34 - T 37

O 34 Rubihorn (1957 m) via Niederecksattel
ab Vorderer Seealpe

Gehzeit:

Aufstieg 2:15 h, Abstieg 1:30 h

Höhendifferenz:

\+ 690 hm Vordere Seealpe (Mittelstation) - Rubihorn

Haupt-Stützpunkt:

Mittelstation / Gasthaus Seealpe (1267 m, priv. bew.)

Anreise:

Auf der Straße B 19 (u.a. über Immenstadt und Sonthofen) bis Oberstdorf (Parkplatz an der Nebelhornbahn). Linienbus, Ortsbus und Bahnhof im weltbekannten Wintersportzentrum.

2

Südlicher Zustieg (teils mit steileren und schrofigen Stellen) auf einen der Hausberge *Oberstdorfs*. Bis zum *Niederecksattel* mit dem Abstieg (umgekehrte Gehrichtung) T 36 vom *Geißalphorn* (1953 m) identisch. Kartenskizze S. 56. **Infoblock:** ⇨ von der Mittelstation (erster Umsteigepunkt der *Nebelhorn-Bahn*) bzw. der *Vorderen Seealpe* nordwestlich zu einem Steig, der nördlich über den *Roßbichl* (1467 m) führt ⇨ hier kurz durch Hochwald, dann in Serpentinen weiter aufwärts ⇨ später deutlich steiler und steiniger bis zum Grat bzw. *Niederecksattel* (Wegweiser) ⇨ links (nach Norden) auf das aussichtsreiche *Rubihorn* - die Begehung des ausgesetzten Grats nach rechts (für Geübte) würde zum *Geißalphorn* (1953 m, Leiter, Stelle II-) T 36 führen. **Alternative:** steiler und insgesamt längerer Abstieg vom *Rubihorn* nach Osten zum *Unteren Geißalpsee* (1508 m), weiter zur *Geißalpe* (1149 m) mit Optionen nach *Reichenbach* (867 m, Bus), *Rubi* (786 m, Bus) oder über den *Wallrafweg* direkt zurück nach *Oberstdorf* (813 m).

Nebelhorn (2224 m)

Das *Nebelhorn* gehört zweifelsfrei zu den bekanntesten Bergen der *Allgäuer Alpen*. Seinen Ruf verdankt es zum einen der touristischen Werbung des unmittelbaren Talorts *Oberstdorf* (813 m, Parkplatz, Bus, Bahnhof) und zum anderen der Erschließung des Gebiets durch ein dichtes Wegenetz und die *Nebelhorn-Bahn*. Diese Aufstiegshilfe ermöglicht es praktisch Jedermann, den höchsten Punkt mit seiner ausgezeichneten Fernsicht auf ca. 400 Alpengipfel zu erreichen - zudem kann der konditionelle Anspruch eines Auf- oder Abstiegs durch die verschiedenen Haltepunkte der Seilbahn nach belieben variiert werden. Es sei noch angemerkt, dass das *Nebelhorn* gerade von *Oberstdorf* kaum sichtbar ist und daher vom unkundigen Touristen oftmals mit dem *Rubihorn* (1957 m) T 34 bzw. dem *Geißalphorn* (1953 m) T 36 (insofern den eigentlichen Hausbergen der Gemeinde) verwechselt wird.

Geißalphorn und Grat zum Nebelhorn vom Niederecksattel

○ 35 Nebelhorn (2224 m)

ab Höfatsblick

Gehzeit:

Aufstieg 0:45 h, Abstieg 0:30 h

Höhendifferenz:

+ 295 hm Höfatsblick - Nebelhorn

Haupt-Stützpunkte:

Gipfelstation / Gipfelhütte Nebelhorn (2224 m, priv. bew.)
Bergstation / Rest. Höfatsblick (1929 m, priv. bew.)
Edmund-Probst-Haus (1929 m, DAV S. 93)

Anreise:

Auf der Straße B 19 (u.a. über Immenstadt und Sonthofen) bis Oberstdorf (Parkplatz an der Nebelhornbahn). Linienbus, Ortsbus und Bahnhof im weltbekannten Wintersportzentrum.

1 Breiter, stark frequentierter Normalweg (mäßige Steigung bzw. Höhendifferenz) auf einen sehr aussichtsreichen Gipfel (mit Seilbahnstation und Imbiss) für Jedermann. Kartenskizze S. 56. **Infoblock:** ⇨ vom *Höfatsblick* (letzter Umsteigepunkt der *Nebelhorn-Bahn*) bzw. dem unmittelbar benachbarten *Edmund-Probst-Haus* auf bequemem Weg nach oben ⇨ am Abzweig des alternativen (deutlich schwierigeren) Gratwegs (Südgrat) vorbei ⇨ um ein Liftgebäude herum ⇨ mit schönem Blick zum *Hindelanger Klettersteig* (die erste Leiter ist gut zu erkennen) leicht gestuft aufwärts und letztendlich zur Gipfelstation bzw. zum aussichtsreichen Kreuz. **Alternativen:** a. ausgewiesener und schwierigerer Gratweg (über den Südgrat) für Geübte mit adäquater Trittsicherheit; b. Beginn des Aufstiegs an der Mittelstation der *Nebelhorn-Bahn* bzw. der *Vorderen Seealpe* (1267 m, + 2:00 h, + 662 hm); c. kompletter und langer Talaufstieg von *Oberstdorf* (813 m, + 3:30 h, + 1116 hm).

● 36 Geißfuß (1982 m) und Geißalphorn (1953 m)

ab Nebelhorn

Gehzeit:

Gesamtgehzeit (Rundtour) 4:30 h

Höhendifferenzen:

– 344 hm Nebelhorn (Gipfelstation) - Gund
+ 102 hm Gund - Geißfuß
– 029 hm Geißfuß - Geißalphorn
– 686 hm Geißalphorn - Vordere Seealpe (Mittelstation)
– 454 hm Vordere Seealpe (Mittelstation) - Oberstdorf

Haupt-Stützpunkte:

Oberstdorf (813 m, priv. bew. Gasthäuser)
Gipfelstation / Gipfelhütte Nebelhorn (2224 m, priv. bew.)
Bergstation / Rest. Höfatsblick (1929 m, priv. bew.)
Edmund-Probst-Haus (1929 m, DAV S. 93)
Mittelstation / Gasthaus Seealpe (1267 m, priv. bew.)

Anreise:

Auf der Straße B 19 (u.a. über Immenstadt und Sonthofen) bis Oberstdorf (Parkplatz an der Nebelhornbahn). Linienbus, Ortsbus und Bahnhof im weltbekannten Wintersportzentrum.

3– Bergtour für Geübte mit adäquater Trittsicherheit und Schwindelfreiheit, da vom *Geißalphorn* bis zum *Niedereck* (Leiter, Stelle II-, ausgesetzte Abschnitte am Grat) kurzzeitig deutlich anspruchsvoller. Schöne Tiefblicke auf *Oberstdorf* und die *Geißalpseen*. Kartenskizze S. 56.

DETAILBESCHREIBUNG Der konditionelle Anspruch der Tour lässt sich, dank des dichten Wegenetzes im *Nebelhorn-Gebiet*, nach belieben variieren. Es bietet sich an, das stark frequentierte *Nebelhorn* (2224 m) zusätzlich von einer der Sektionen der Seilbahn zu Fuß zu erklimmen - problemlos ab *Höfatsblick / Edmund-Probst-Haus* (+ 0:45 h, + 295 hm) T 35 oder, schon deutlich anstrengender, von der Mittelstation bzw. der *Vorderen Seealpe* (+ 2:45 h, + 957 hm). Wer den Besuch auf dem touristisch bzw. kommerziell (über-) erschlossenen *Nebelhorn* auslassen möchte, kann zudem direkt von der Station *Höfatsblick* nordwestlich in den *Großen Gund* gehen und trifft (am Übergang zum *Kleinen Gund*) auf den im Folgenden beschriebenen Weg.
Wir beginnen unsere Tour in der Nähe des *Nebelhorn-Gipfelkreuzes*, wo sich auch (wenige Meter darunter) die Gipfelstation der dreifach unterteilten *Nebelhorn-Bahn* befindet. Südwestlich (unterhalb des Grats) gibt es einen unscheinbaren Pfad, der u.a. als Route zu den beiden *Geißalpseen* und der *Geißalpe* ausgewiesen ist. Dieser führt uns, über zwei gesicherte Stufen, schrofig abwärts und schließlich zu einer Weggabelung (Wegweiser). Während die rechte (nicht ausgewiesene) Spur auf den Grat leitet, wenden wir uns nach links und steigen südwestlich in Serpentinen ab.
Wir passieren mit etwas Mühe eine längere Drahtseilsicherung und es gibt auch in der folgenden Zeit immer wieder steilere Stellen im steinigen Abstieg. Letztendlich treffen wir im *Großen Gund* auf eine geschwärzte Wand und gehen unmittelbar um diese herum. Unter uns ist bereits der querende (ebenere) Alternativ-Weg vom *Höfatsblick* zu erkennen und über uns sind schöne Rückblicke zum Grat mit *Gundkopf* (2062 m) und *Nebelhorn* möglich.
Die Pfade treffen im *Kleinen Gund*, dem benachbarten Kar, zusammen und wir bewegen uns direkter nach Westen. Bald teilt sich die Wegführung, doch beide Alternativen (aus Naturschutzgründen bitte stets

den Markierungen folgen) enden aufsteigend in einer Scharte. Hier ist linker Hand der (nicht ausgewiesene) problemlose Abstecher (0:10 h) auf den begrünten *Geißfuß* möglich. Von der Kuppe kann bereits ein erster Tiefblick zu den *Schattenberg-Schanzen* bzw. nach *Oberstdorf* genossen werden.
Wir steigen wieder zur Scharte hinab und gehen - den Blick auf das hier dominante *Rubihorn* (1957 m) T 34 gerichtet - weiter nach Westen, wo es sogleich (nördlich) eine Abstiegsoption zu den beiden romantisch gelegenen *Geißalpseen* (1769 m und 1508 m) gibt. Unser Pfad verbleibt jedoch in der ursprünglichen Hochlage und die Gratseite wird wiederum gewechselt.
Wir queren kurzzeitig durch unschöne Lawinenverbauungen und nähern uns somit dem *Geißalphorn*. Rechter Hand deutet der Blick in eine kleine Rinne an, dass sich nun der Anspruch unserer Tour in Hinsicht auf Schwindelfreiheit und Trittsicherheit erhöhen wird und tatsächlich wartet schon unter dem Gipfelkreuz eine erste ausgesetzte Stelle. Der höchste Punkt des *Geißalphorns* bietet, neben den herrlichen Tiefblicken, eine gute Aussicht auf den Verbindungsgrat zum *Rubihorn* bzw. zum hier gelegenen *Niederecksattel*.
Der Gipfel wird verlassen und es ist der "heikelste" Abschnitt unserer Unternehmung zu meistern. Direkt in den senkrechten Abstürzen der Nord-Wand muss (zur Umgehung eines Ausbruchs) eine ca. 6 m lange Leiter benutzt werden. Neben der eisernen Abstiegshilfe befindet sich durchgehend Fels, insofern ist ihre Lage nur mäßig ausgesetzt. Es folgt eine kleinere Stufe im Gestein, die im Abstieg gut zu bewältigen ist, letztendlich aber doch (insb. für die Gegenrichtung) mit der Bewertung II- versehen werden muss (bei der Kontrollbegehung befand sich hier ein frei hängendes, sehr altes Seilstück als Griffhilfe). Schließlich erwartet uns noch eine besonders gefährliche Stelle (wenige Meter) auf dem Grat, denn hier gibt es zu beiden Seiten direkte Abstürze. Im Zweifelsfall sollte sich der unsichere Geher mit den Händen sichern.
Der sich anschließende weitere Gratweg ist noch immer in einigen Positionen ausgesetzt, da er sich stets in unmittelbarer Nähe zu den Abbrüchen bewegt. Schließlich treffen wir auf einen Wegweiser im *Niederecksattel* - hier wäre, im erneuten Aufstieg, eine Fortsetzung zum *Rubihorn* T 34 möglich.
Ein Drahtseil leitet uns linker Hand in den Latschen abwärts. Es handelt sich um einen typischen Abstieg mit einigen steileren Stellen, der erst bei den engen Serpentinen im Wiesengelände bequemer wird. Nach einer kleinen Kuppe führt der Pfad kurz in den Hochwald und wir halten schließlich auf die Mittelstation der *Nebelhorn-Bahn* zu.
Noch vor der Station kann rechter Hand (talauswärts) abgekürzt werden. Letztendlich erreichen wir den asphaltierten Fahrweg, der uns bis nach *Oberstdorf* führen wird. Alternativ kann auch der ausgewiesene (interessantere) Fußweg am *Faltenbach* begangen werden. Beide Varianten enden unmittelbar beim Publikumsbereich am Auslauf der *Schattenberg-Schanzen*.

Leiter zwischen Geißalphorn und Niedereck

○ **37 Großer Daumen (2280 m) via Koblat-Höhenweg**
ab Höfatsblick

Gehzeit:

Aufstieg 2:15 h, Abstieg 1:30 h

Höhendifferenzen:

+ 046 hm Höfatsblick - Koblatsee
+ 305 hm Koblatsee - Großer Daumen

Haupt-Stützpunkte:

Bergstation / Rest. Höfatsblick (1929 m, priv. bew.)
Edmund-Probst-Haus (1929 m, DAV S. 93)

Anreise:

Auf der Straße B 19 (u.a. über Immenstadt und Sonthofen) bis Oberstdorf (Parkplatz an der Nebelhornbahn). Linienbus, Ortsbus und Bahnhof im weltbekannten Wintersportzentrum.

2– Sehr beliebter Höhenweg unter dem dominanten *Wengenkopfgrat* mit Schlussanstieg zu einem aussichtsreichen Gipfel. Kartenskizze S. 56. **Infoblock:** ⇨ von der Station *Höfatsblick* (letzter Umsteigepunkt der *Nebelhorn-Bahn*) bzw. dem unmittelbar benachbarten *Edmund-Probst-Haus* auf bez. Weg nach Nordosten ⇨ unter den *Wengenköpfen* (2235 m und 2207 m) entlang auf das *Koblat* (verkarstete Hochfläche) ⇨ parallel zum langen *Wengenkopfgrat*, über den der *Hindelanger Klettersteig* führt (nachfolgenden Hinweis beachten!), weiter nach Nordosten ⇨ zum *Koblatsee* (1975 m) ⇨ vor dem *Laufbichelsee* (2019 m) nördlich etwas steiler hinauf ⇨ am Ausstieg des Klettersteigs vorbei und über den Hang des *Glasfelds* auf den *Großen Daumen* mit sehr guter Fernsicht. **Alternativen:** a. unterhalb des Gipfelbereichs vom *Nebelhorn* (2224 m) T 35 gibt es einen weiteren Verbindungsweg zum *Koblat*; b. lange und entsprechend anstrengende Zustiege u.a. vom priv. bew. *Giebelhaus* (1067 m, Bus von Hinterstein), der *Schwarzenberghütte* (1380 m, DAV) oder von *Hinterstein* (866 m, Parkplatz, Bus) jeweils über den *Engeratsgundsee* (1876 m) aus Südosten.

(!) Die Überschreitung der *Wengenköpfe* (2235 m und 2207 m) auf dem Grat entspricht dem *Hindelanger Klettersteig*. Diese alternative Route übersteigt als anspruchsvoller Klettersteig (im Sinne einer speziellen Einstufung handelt es sich um einen mittelschweren Klettersteig im hochalpinen Gelände) deutlich die Anforderungen für den Normalbergwanderer und wurde daher in diesem Führer nicht aufgenommen! Von der Begehung wird ohne hinreichende Ausrüstung und Klettersteigerfahrung (bzw. der Begleitung durch einen Bergführer) abgeraten!

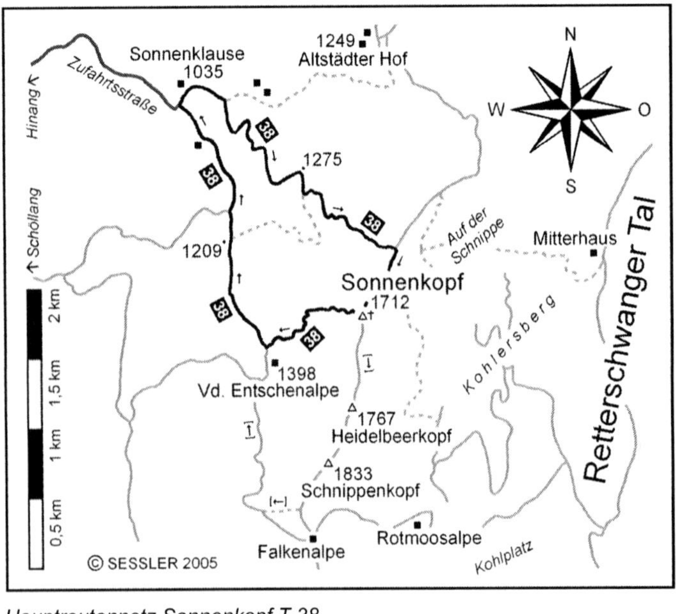

Hauptroutennetz Sonnenkopf T 38

○ **38 Sonnenkopf (1712 m)**
ab Hinang

Gehzeit:

Gesamtgehzeit (Rundtour) 3:15 h

Höhendifferenz:

+ 677 hm Berghotel Sonnenklause - Sonnenkopf

Haupt-Stützpunkt:

Berghotel Sonnenklause (1035 m, priv. bew.)

Anreise:

Auf der Nebenstraße, die zwischen Sonthofen und Oberstdorf parallel zur B 19 verläuft, nach Hinang. An der Ortsumgehung östlich auf eine teils sehr steile Zufahrtsstraße und bis zur Sonnenklause (Parkplatz). Linienbus im Tal (Hinang / Schöllang).

2 Interessante Tour (zum Teil etwas steilere Bergwege) auf die *Sonnenkopfgruppe* über dem *Retterschwanger Tal*. Kartenskizze S. 62. **Infoblock:** ⇨ von der *Sonnenklause* (Berghotel) östlich, dann südöstlich durch Wald und über unbestandene Freiflächen ⇨ aufwärts zum Gratrücken zwischen dem *Gernkopf* (1566 m) und dem *Sonnenkopf* u.a. mit schöner Sicht auf den *Großen Daumen* (2280 m) T 37 im Südosten ⇨ weiter zum Gipfel ⇨ Abstieg nach Westen und bald in den Hängen abwärts ⇨ nördlich der *Vorderen Entschenalpe* (1398 m) nach rechts und zurück zum Parkplatz am Berghotel *Sonnenklause*. **Alternativen:** a. weiter auf dem Kamm (insofern als *Sonnenkopf-Höhenweg* durch die entsprechenden Sättel) zum direkt benachbarten *Heidelbeerkopf* (1767 m, etwas einfachere Umgehung möglich) und *Schnippenkopf* (1833 m) mit Abstieg über die südlich gelegene *Falkenalpe*; b. Start und Ziel am *Altstädter Hof* (1249 m) im Bereich des *Gernkopfes* (1566 m).

○ **39 Imberger Horn (1656 m)**
ab Hornbahn

Gehzeit:

Gesamtgehzeit (Rundtour) 2:30 h

Höhendifferenz:

+ 342 hm Bergstation - Imberger Horn

Haupt-Stützpunkte:

Bad Hindelang (825 m, priv. bew. Gasthäuser)
Bergstation / Rest. Gletscherspalte (1320 m, priv. bew.)
Straußbergalpe (1227 m, priv. bew.)

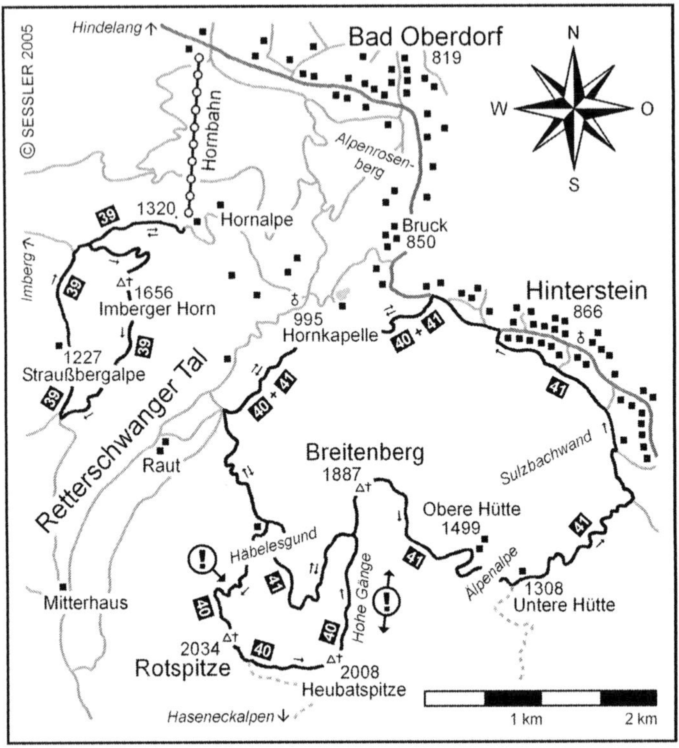

Hauptroutennetz Imberger Horn / Breitenberg T 39 - T 41

Anreise:

Auf der Straße B 308 (u.a. über Sonthofen) nach Bad Hindelang (Parkplatz an der Hindelanger Hornbahn). Linienbus im Tal.

2

Überschreitung (teils anspruchsvoller - steil und schrofig) des beliebten Aussichtsgipfels zwischen *Bad Hindelang* und dem *Retterschwanger Tal*. Kartenskizze S. 64. **Infoblock:** ⇨ Auffahrt mit der Bergbahn und von der Bergstation (1314 m), der Beschilderung folgend, nach Westen ⇨ am Abzweig links und bald durch die steileren Nordwesthänge ⇨ zum Gipfelkreuz ⇨ nach Süden über den Grat zu einem weiteren Gipfelpunkt ⇨ über den Rücken hinab zum *Straußenbergsattel* ⇨ rechter Hand zur *Straußenbergalpe* ⇨ in nordöstlicher Richtung am ursprünglichen Abzweig zum Gipfel vorbei und zur Bergstation. **Alternativen:** a. Verzicht auf die Fahrt mit der *Hornbahn* und Nutzung der verschiedenen Zustiege u.a. über den *Alpenrosenberg* (1004 m) oder im Bereich der Bahntrasse (im Aufstieg jeweils ca. + 1:45 h, + 489 hm); b. südlicher Abstieg ins *Retterschwanger Tal* zur *Mitterhausalpe* (1081 m) und Rückweg an der *Bsonderach* über die *Hornkapelle* (995 m) als längere Rundtour.

O 40 Rotspitze (2034 m), Heubatspitze (2008 m) und Breitenberg (1887 m) via Hohe Gänge

ab Bruck

Gehzeit:

Gesamtgehzeit (Rundtour) 6:30 h

Höhendifferenzen:

+	650 hm	Bruck / Hinterstein - Häbelesgund
+	534 hm	Häbelesgund - Rotspitze
–	147 hm	Rotspitze - Breitenberg
–	387 hm	Breitenberg - Häbelesgund
–	650 hm	Häbelesgund - Bruck / Hinterstein

Haupt-Stützpunkt:

Hinterstein (866 m, priv. bew. Gasthäuser)

Anreise:

Auf der Straße B 308 (u.a. über Sonthofen) nach Bad Hindelang. Auf einer Nebenstraße Richtung Hinterstein ins Ostrachtal bis Bruck (Parkplatz in der Nähe des E-Werks). Linienbus im Ostrachtal.

3 K

Sehr lohnender Klettersteig (als solcher nur mäßig schwierig) über einen teils luftigen Grat für Geübte mit adäquater Trittsicherheit, Kondition und Schwindelfreiheit. Kartenskizze S. 64. **Infoblock:** ⇨ zwischen *Bruck* (850 m) und *Hinterstein* (nahe E-Werk) über die *Ostrach* Richtung *Retterschwanger Tal* (evtl. auch über die Hornkapelle) ⇨ später südlich steiler zum *Häbelesgund* (Hochkessel) hinauf ⇨ an der Wegteilung rechts zur *Rotspitze* (im oberen Bereich Sicherungen) ⇨ nach Osten zur *Heubatspitze* ⇨ Beginn des Klettersteigs und dementsprechend ausgesetzt an Drahtseilen in leichter Kletterei über den Grat ⇨ eine Leiter hinab und letztendlich zum *Breitenberg* ⇨ direkter Abstieg in den *Häbelesgund* und hier zum ursprünglichen Aufstiegsweg. **Alternativen:** a. Abstieg vom *Breitenberg* nach Osten wie in T 41 und u.a. über die *Obere Hütte* (1499 m) bzw. *Älpenalpe* zurück ins *Ostrachtal*; b. Übergangsmöglichkeit aus Süden u.a. über die *Obere Haseneckalpe* (1690 m) zur *Rotspitze* - die *Hohen Gänge* sind dementsprechend (auch) eine Verlängerungsvariante des deutlich schwierigeren *Hindelanger Klettersteigs* auf dem *Wengenkopfgrat* (Hinweis S. 62 beachten!). **Tipp:** weitere (leichte bis mäßig schwierige) Klettersteige in den nördlichen Alpen sind in dem auf S. 96 empfohlenen Buch zu finden.

○ 41 Breitenberg (1887 m)
ab Bruck

Gehzeit:

Gesamtgehzeit (Rundtour) 5:45 h

Höhendifferenzen:

+ 650 hm Bruck / Hinterstein - Häbelesgund
+ 387 hm Häbelesgund - Breitenberg
– 388 hm Breitenberg - Obere Hütte
– 649 hm Obere Hütte - Bruck / Hinterstein

Haupt-Stützpunkt:

Hinterstein (866 m, priv. bew. Gasthäuser)

Anreise:

Auf der Straße B 308 (u.a. über Sonthofen) nach Bad Hindelang. Auf einer Nebenstraße Richtung Hinterstein ins Ostrachtal bis Bruck (Parkplatz in der Nähe des E-Werks). Linienbus im Ostrachtal.

2 Überschreitung (auf teils kleineren Bergsteigen) des dominanten Gipfels über *Hinterstein* und *Ostrachtal*. Einfachere Alternative zur Begehung der *Hohen Gänge* (Klettersteig) T 40 zwischen der *Rotspitze* (2034 m) und dem *Breitenberg*. Kartenskizze S. 64. **Infoblock:** ⇨ wie in T 40 zwischen *Bruck* (850 m) und *Hinterstein* (nahe E-Werk) über die *Ostrach* Richtung *Retterschwanger Tal* (evtl. auch über die Hornkapelle) ⇨ später südlich steiler zum *Häbelesgund* (Hochkessel) hinauf ⇨ hier am Abzweig nach links (rechts geht es zur *Rotspitze*) ⇨ in den steilen Westhängen hinauf zum *Breitenberg* mit Gipfelkreuz ⇨ entsprechend bezeichneter (teils steiler) Abstieg zur *Oberen Hütte* (1499 m) bzw. *Älpenalpe* ⇨ über die *Untere Hütte* (1308 m), bald auf einem Waldweg in weiten Serpentinen, hinab ins *Eckbachtal* ⇨ am Waldrand links auf den Weg, welcher der *Ostrach* nach Nordwesten folgt ⇨ zuletzt kurz an der Straße zurück zum Startpunkt.

○ 42 Laufbacher Eck (2178 m) und Prinz-Luitpold-Haus (1847 m) via Laufbachereckweg
ab Höfatsblick

Gehzeit:

Übergangszeit 4:45 h

Höhendifferenzen:

+ 249 hm Höfatsblick - Laufbacher Eck
– 490 hm Laufbacher Eck - Schönbergalphütte
+ 159 hm Schönbergalphütte - Prinz-Luitpold-Haus

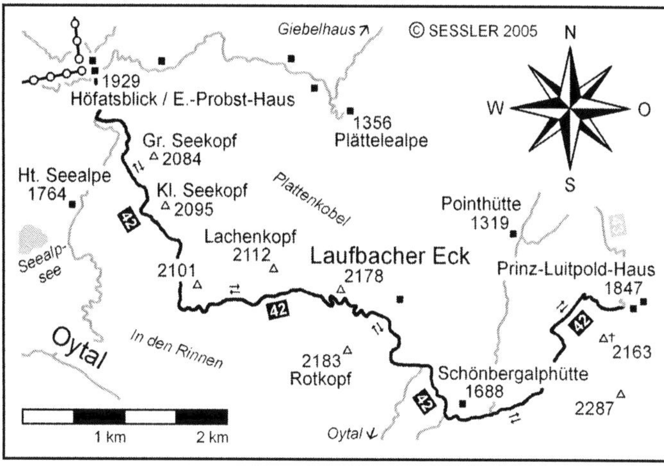

Hauptroutennetz Laufbacher Eck T 42

Haupt-Stützpunkte:

Bergstation / Rest. Höfatsblick (1929 m, priv. bew.)
Edmund-Probst-Haus (1929 m, DAV S. 93)
Prinz-Luitpold-Haus (1847 m, DAV S. 93)

Anreise:

Auf der Straße B 19 (u.a. über Immenstadt und Sonthofen) bis Oberstdorf (Parkplatz an der Nebelhornbahn). Linienbus, Ortsbus und Bahnhof im weltbekannten Wintersportzentrum.

2 Aussichtsreicher und lohnender Höhenweg über dem *Oytal*, der oft Steilgelände quert (kurzzeitig gesichert). Kartenskizze S. 67. **Infoblock:** ⇨ Auffahrt mit der Bergbahn und von der Station *Höfatsblick* (letzter Umsteigepunkt der *Nebelhorn-Bahn*) bzw. dem *Edmund-Probst-Haus* (1929 m, DAV S. 93) auf bez. Weg direkt nach Süden ⇨ zwischen *Hüttenkopf* (1940 m) und *Zeiger* (1994 m) hindurch in die Steilhänge unter den beiden *Seeköpfen* (2084 m und 2095 m) ⇨ mit guter Sicht zur jenseits des *Oytals* gelegenen *Höfats* (2259 m) querend weiter zum *Schochensattel* und am *Schochen* (2101 m) schließlich nach Osten ⇨ unter dem *Lachenkopf* (2112 m) wiederum querend zu den Serpentinen, die in den *Laufbacher-Eck-Sattel* (2160 m) führen (der evtl. zu besteigende Gipfel liegt nur wenige Höhenmeter links über dem Weg) ⇨ aus dem Sattel östlich steil abwärts (deutlicher Höhenverlust) und in den Bereich der *Zwerchwand* ⇨ an den Abzweigen zum *Himmeleck* (2152 m) und der *Schönbergalphütte* (1688 m) vorbei ⇨ in den oberen Talschluss des *Bärgündelestals*

mit einem alternativen Abstiegsweg zum priv. bew. *Giebelhaus* (1067 m, Bus nach Hinterstein) ⇨ jedoch nordöstlich weiter in den Steilhängen um den *Wiedemerkopf* (2163 m) herum und bis zum *Prinz-Luitpold-Haus*. **Alternativen:** a. ebenfalls lohnender, jedoch anstrengenderer Zugang (+ 1194 hm bis *Himmelecksattel*) zum *Prinz-Luitpold-Haus* direkt von *Oberstdorf* durch das *Oytal* via *Käseralpe* (1406 m), *Wildenfeldhütte* (1692 m, Not-Unterstand) und *Himmelecksattel* (2007 m); b. Zustieg vom priv. bew. *Giebelhaus* T 43; c. *Jubiläumsweg* (teils gesichert) im Nordosten über den *Schrecksee* (1802 m) u.a. aus dem *Ostrachtal*.

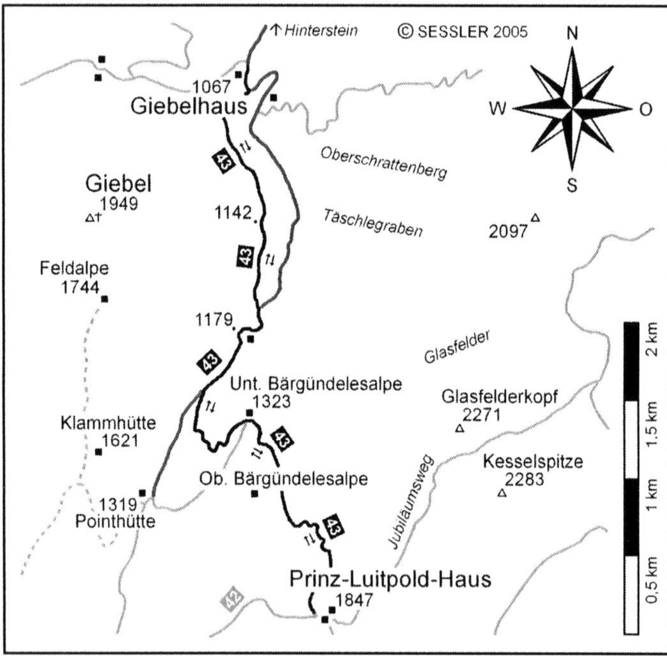

Hauptroutennetz Prinz-Luitpold-Haus T 43

O **43 Prinz-Luitpold-Haus (1847 m)**
ab Giebelhaus

Gehzeit:

Aufstieg 2:30 h, Abstieg 1:45 h

Höhendifferenz:

+ 780 hm Giebelhaus - Prinz-Luitpold-Haus

Haupt-Stützpunkte:

Giebelhaus (1067 m, priv. bew.)
Prinz-Luitpold-Haus (1847 m, DAV S. 93)

Anreise:

Auf der Straße B 308 (u.a. über Sonthofen) nach Bad Hindelang. Auf einer Nebenstraße über Bruck ins Ostrachtal bis Hinterstein (Parkplatz). Mittels Linienbus (ca. 10 km) zum Giebelhaus. Zufahrt für öffentlichen Verkehr gesperrt.

2 Schnellster Zustieg zur Alpenvereins-Hütte durch das *Bärgündelestal* mit teils steileren Abschnitten. Kartenskizze S. 68. **Infoblock:** ⇨ vom *Giebelhaus* (lediglich Berggasthaus, keine Unterkunft) auf dem Weg westlich vom *Bärgündelesbach* taleinwärts (östlich vom Bach verläuft parallel die Straße) ⇨ letztlich aber doch kurz auf den Fahrweg und bald links ab ⇨ über eine Stufe empor zur *Unteren Bärgündelesalpe* (1323 m) ⇨ südöstlich weiter steil ins *Obere Bärgündele* und dann zum *Prinz-Luitpold-Haus* unter den Abstürzen von *Fuchskarspitze* (2314 m) und *Wiedemerkopf* (2163 m). **Alternativen:** a. längere (lohnende) Zugänge aus dem Raum *Oberstdorf* (813 m, Parkplatz, Bus, Bahnhof) T 42; b. *Jubiläumsweg* (teils gesichert) im Nordosten über den *Schrecksee* (1802 m) u.a. aus dem *Ostrachtal*.

Fernsicht auf den Hochvogel (hinten, Mitte) von der Krinnenspitze

Hochvogel (2592 m)

Der *Hochvogel*, welcher bereits im 16. Jh. urkundlich erwähnt wurde, stellt das visuelle "Herz" der *Allgäuer Alpen* dar, denn kein anderer Berg dominiert so viele Aussichten im Felsmeer des gesamten Gebirgszuges. Mithin verwundert es nicht, dass die wuchtige Pyramide über dem *Hornbachtal* einen außerordentlich hohen Bekanntheitsgrad erlangt hat und zum lohnenden Ziel zahlreicher Bergsteiger geworden ist. Die Erstbegehung soll 1767 einem Hirtenjungen gelungen sein - ein Gipfelbuch gab es schon 1876. Der relativ kurze Zustieg T 45 führt vom günstig gelegenen *Prinz-Luitpold-Haus* (1847 m, DAV S. 93) T 42 / T 43 über die *Balkenscharte* (2172 m) und den *Kalten Winkel* zum Gipfelpunkt - besonders schön ist jedoch der als *Bäumenheimer Weg* bezeichnete Klettersteig T 44 von *Hinterhornbach* (1101 m, Parkplatz). Zusätzlich gibt es weitere Varianten, wie etwa die Umgehung der Ostschulter (auch als Normalweg von *Hinterhornbach*) über *Fuchsensattel* (2039 m) und *Fuchskar*, oder die leichte Kletterei zur unmittelbar benachbarten *Kreuzspitze* (2367 m), welche gern als Abstiegsoption zur erwähnten Alpenvereins-Hütte genutzt wird.

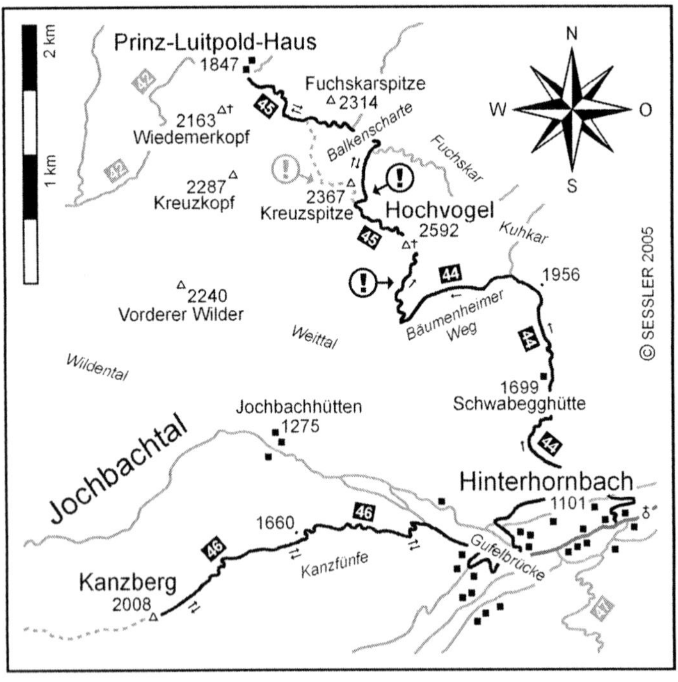

Hauptroutennetz Hochvogel / Kanzberg T 44 - T 46

O 44 Hochvogel (2592 m) via Bäumenheimer Weg
ab Hinterhornbach

Gehzeit:

Aufstieg 5:00 h, Abstieg 3:00 h

Höhendifferenzen:

+	598 hm	Hinterhornbach - Schwabegghütte
+	321 hm	Schwabegghütte - Roßkar
+	572 hm	Roßkar - Hochvogel

Haupt-Stützpunkt:

Hinterhornbach (1101 m, priv. bew. Gasthäuser)

Anreise:

Auf der Straße 198 südlich der Allgäuer Alpen ins Lechtal (u.a. über Reutte) und bei Stanzach auf einer Nebenstraße nach Westen ins Hornbachtal bis Hinterhornbach (Parkplatz an der Gufelbrücke). Kein Linienbus.

3

K

Sehr lohnender Klettersteig (als solcher nur mäßig schwierig) mit besonderer Steinschlaggefahr (Helm) - für Geübte mit adäquater Trittsicherheit, Kondition und Schwindelfreiheit. Insgesamt einer der schönsten Anstiege in den Allgäuer Alpen auf einen bemerkenswerten Gipfel. Kartenskizze S. 70. **Infoblock:** ⇨ in *Hinterhornbach* vom priv. bew. Gasthaus *Adler* oder auch vom Parkplatz an der *Gufelbrücke*, der Beschilderung folgend, nördlich aufwärts zum Zusammenschluss der beiden Wege im Hochwald ⇨ weiter zur privaten (i.d.R. unbewirtschafteten) *Schwabegghütte* (1699 m) ⇨ bis zum Abzweig (1975 m) des Wegs über den *Fuchsensattel* (2039 m, Alternative a) ⇨ jedoch links (westlich) ins *Roßkar* und nahezu eben durch dieses hindurch ⇨ zum eigentlichen Steig und zunächst kurz in eine Geröllschlucht ⇨ der Wegführung folgend (teils gesichert) im brüchigen Fels über geröllbedeckte Absätze, Grate, Bänder und Rinnen (Stellen I, besondere Steinschlaggefahr) aufwärts ⇨ zum Gipfelkreuz mit unverstellter Fernsicht und den entsprechenden Tiefblicken. **Alternativen:** a. Rundtour (+ 1:00 h, kleinere Gegenanstiege) vom Gipfel über den *Kalten Winkel* (bei ungünstigen Verhältnissen evtl. problematisches Schneefeld), *Fuchskar*, *Fuchsensattel* und *Kuhkar* zum bereits erwähnten Abzweig; b. Übergang zum *Prinz-Luitpold-Haus* (1847 m, DAV S. 93) via *Kalter Winkel* und *Balkenscharte* (2172 m) T 45; c. teils gesicherter (interessanter) Abstecher von der *Kaltwinkelscharte* auf die benachbarte *Kreuzspitze* (2367 m) mit direkter Option zum *Prinz-Luitpold-Haus* (Stellen I). **Tipp:** weitere (leichte bis mäßig schwierige) Klettersteige in den nördlichen Alpen sind in dem auf S. 96 empfohlenen Buch zu finden.

O 45 Hochvogel (2592 m) via Kalter Winkel
ab Prinz-Luitpold-Haus

Gehzeit:

Aufstieg 2:30 h, Abstieg 1:45 h

Höhendifferenzen:

+ 325 hm Prinz-Luitpold-Haus - Balkenscharte
+ 420 hm Balkenscharte - Hochvogel

Haupt-Stützpunkt:

Prinz-Luitpold-Haus (1847 m, DAV S. 93)

Anreise:

Vorheriger Zustieg zum Prinz-Luitpold-Haus u.a. vom Giebelhaus T 43, aus den Bereichen Oberstdorf bzw. Höfatsblick (Nebelhornbahn) T 42 oder auch über den Jubiläumsweg im Nordosten (z.B. aus dem Ostrachtal via Schrecksee).

3- Bergtour für Geübte mit adäquater Trittsicherheit und Schwindelfreiheit (steiles Felsgelände, teils gesichert, Stellen I, u.U. besonders unfallträchtiges Schneefeld) auf einen lohnenden Gipfel. Kartenskizze S. 70. **Infoblock:** ⇨ vom *Prinz-Luitpold-Haus* nach Südosten, am Abzweig zur *Kreuzspitze* (2367 m, Alternative a) vorbei und bald aufwärts in die *Balkenscharte* (2172 m) ⇨ zu einer Rippe und am westlichen Rand des *Fuchskars* in den *Kalten Winkel* (bei ungünstigen Schneelagen bzw. Vereisung besonders gefährlich) ⇨ hinauf zur *Kaltwinkelscharte* (2282 m) ⇨ südseitige Querung (in der westlichen Schulter) auf Bändern über die *Schnur* ⇨ zum gestuften Gipfel, der dank der freien Hochlage eine unverstellte Fernsicht und spektakuläre Tiefblicke erlaubt. **Alternativen:** a. interessanter Aufstieg oder Abstieg (Rundtour) in leichter Kletterei (Stellen I, teils gesichert) über die *Kreuzspitze*, welche durch die *Kaltwinkelscharte* mit dem *Hochvogel* verbunden ist und einen direkten Steig vom / zum *Prinz-Luitpold-Haus* bietet; b. anspruchsvollere Überschreitung des *Hochvogels* nach *Hinterhornbach* (1101 m) auf dem *Bäumenheimer Weg* (Klettersteig) T 44; c. anspruchsvollere Rundtour über den *Bäumenheimer Weg* T 44 und den *Fuchsensattel* (2039 m).

O 46 Kanzberg (2008 m) via vorderes Jochbachtal
ab Hinterhornbach

Gehzeit:

Aufstieg 2:50 h, Abstieg 1:45 h

Höhendifferenz:

+ 907 hm Hinterhornbach - Kanzberg

Haupt-Stützpunkt:

Hinterhornbach (1101 m, priv. bew. Gasthäuser)

Anreise:

Auf der Straße 198 südlich der Allgäuer Alpen ins Lechtal (u.a. über Reutte) und bei Stanzach auf einer Nebenstraße nach Westen ins Hornbachtal bis Hinterhornbach (Parkplatz an der Gufelbrücke). Kein Linienbus.

2 Typische Bergtour auf einen Gipfel im Nahbereich des dominanten *Hochvogels* (2592 m) T 44 / T 45 mit sehr guter Rundsicht auf die umgebende Bergwelt. Kartenskizze S. 70. **Infoblock:** ⇨ vom Parkplatz an der *Gufelbrücke* westlich ins *Jochbachtal* ⇨ am Abzweig linker Hand hinauf ⇨ auf kleinem Steig schräg durch die steilen Nord-Hänge des Berges ⇨ auf den langgezogenen (grasbedeckten) Rücken und zum höchsten Punkt. **Alternative:** Verlängerung der Tour (im Aufstieg + 1:00 h, + 250 hm) auf dem Grat bis zur *Jochspitze* (2236 m) mit weitgehend unverstelltem Blick nach Westen u.a. zur gegenüberliegenden *Höfats* (2259 m) mit ihren diversen Gipfelspornen - an einer Stelle ein wenig anspruchsvoller.

O 47 Bretterspitze (2609 m) via Kaufbeurer Haus
ab Hinterhornbach

Gehzeit:

Aufstieg 5:00 h, Abstieg 3:15 h

Höhendifferenzen:

\+ 904 hm Hinterhornbach - Kaufbeurer Haus
\+ 604 hm Kaufbeurer Haus - Bretterspitze

Haupt-Stützpunkte:

Hinterhornbach (1101 m, priv. bew. Gasthäuser)
Kaufbeurer Haus (2005 m, DAV, unbewirtschaftet)

Anreise:

Auf der Straße 198 südlich der Allgäuer Alpen ins Lechtal (u.a. über Reutte) und bei Stanzach auf einer Nebenstraße nach Westen ins Hornbachtal bis Hinterhornbach (Parkplatz an der Gufelbrücke). Kein Linienbus.

2+ Bergtour für konditionsstarke Geher mit etwas Übung und adäquater Trittsicherheit (Stellen I) auf einen hohen und entsprechend aussichtsreichen Gipfel in der *Hornbachkette*. Kartenskizze S. 74. **Infoblock:** ⇨ in *Hinterhornbach* vom priv. bew. Gasthaus *Adler* oder auch vom Parkplatz an der *Gufelbrücke*, der Beschilderung folgend, südlich über den *Hornbach* und zum Zusammenschluss der beiden Wege beim

Urbeleskar-Wald ⇨ auf dem Pfad (*Hennensteig*) in vielen Serpentinen aufwärts ⇨ am *Kar-Köpfl* vorbei ⇨ zum i.d.R. unbewirtschafteten *Kaufbeurer Haus* des DAV (in der Hauptsaison an Wochenenden evtl. Imbiss, sonst Selbstversorger-Hütte, AV-Schlüssel für den Winterraum) ⇨ über den *Kesselboden* und bald in felsigeres Gelände ⇨ in der Nordflanke empor ⇨ rechts (westlich, teils etwas ausgesetzt) über den schrofigen Grat zum Gipfelkreuz mit sehr guter Fernsicht. **Alternativen:** a. südseitiger Zustieg von *Häselgehr* (1006 m, Parkplatz, Bus), der gerade in der Ostflanke der *Bretterspitze* besondere Trittsicherheit verlangt (auch mit besonderer Steinschlaggefahr); b. dementsprechend ebenso über den *Enzensperger Weg* (Höhenweg) von der *Hermann-von-Barth-Hütte* (2131 m, DAV S. 93) T 48.

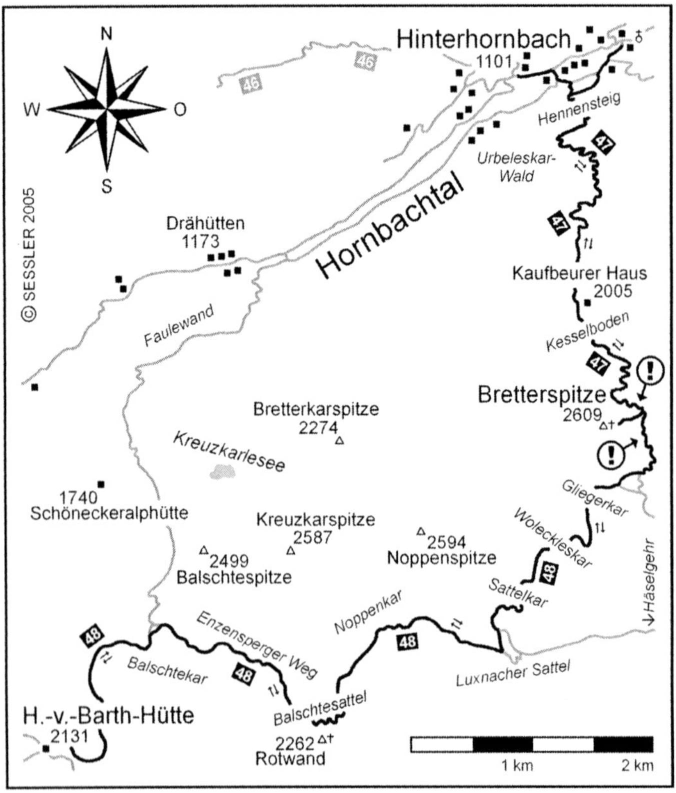

Hauptroutennetz Bretterspitze / Enzensperger Weg T 47 - T 48

O 48 Kaufbeurer Haus (2005 m) via Enzensperger Weg

ab Hermann-von-Barth-Hütte

Gehzeit:

Übergangszeit 6:00 h

Höhendifferenzen:

–	047 hm	Hermann-von-Barth-Hütte - Balschtekar
+	142 hm	Balschtekar - Balschtesattel
–	126 hm	Balschtesattel - Noppenkar
+	040 hm	Noppenkar - Luxnacher Sattel
+	325 hm	Luxnacher Sattel - Griesschartl
+	081 hm	Griesschartl - Bretterspitzkamm
–	495 hm	Bretterspitzkamm - Kaufbeurer Haus

Haupt-Stützpunkte:

Hermann-von-Barth-Hütte (2131 m, DAV S. 93)
Kaufbeurer Haus (2005 m, DAV, unbewirtschaftet)

Anreise:

Vorheriger Zustieg zur Hermann-von-Barth-Hütte u.a. aus dem Lechtal von Elbigenalp oder Übergang auf dem Höhenweg von der Kemptner Hütte T 33.

2+ Höhenweg mit Steilstellen über dem *Lechtal*, der insbesondere im Bereich der *Bretterspitze* (2609 m) etwas Übung und adäquate Trittsicherheit verlangt. Hier auch besondere Steinschlaggefahr. Kartenskizze S. 74. **Infoblock:** ⇨ von der *Hermann-von-Barth-Hütte* um den Süd-Rücken der *Wolfebnerspitzen* (2432 m) herum und ins *Balschtekar* (nördlicher Abzweig eines Weges nach *Hinterhornbach*) ⇨ im weiten Bogen zum *Balschtesattel* (2226 m) unter der *Rotwand* (2262 m) ⇨ steiler hinab ins *Noppenkar* und hinüber zum *Luxnacher Sattel* (2093 m, östlicher Abzweig eines Weges nach *Häselgehr* durch das *Haglertal*) ⇨ problemlos durch das *Sattelkar*, das *Woleckleskar* und das *Gliegerkar* (südlicher Abzweig eines weiteren Weges nach *Häselgehr* durch das *Haglertal*) ⇨ hinauf zum *Griesschartl* (2419 m) und durch die Ostflanke der *Bretterspitze* (teils gesichert, insofern schwierigster Teil der Tour) ⇨ links optionaler Abstecher (im Aufstieg + 0:20 h, + 109 hm, Stellen I) über den schrofigen Grat auf die *Bretterspitze* möglich ⇨ Abstieg zum i.d.R. unbewirtschafteten *Kaufbeurer Haus* des DAV (in der Hauptsaison an Wochenenden evtl. Imbiss, sonst Selbstversorger-Hütte, AV-Schlüssel für den Winterraum) vom Kamm durch die Nordflanke des Berges T 47. **Alternative:** unmittelbare Fortsetzung des Abstiegs ins Tal bis nach *Hinterhornbach* (1101 m, Parkplatz) T 47, wobei jedoch eine Gesamtgehzeit der Tour von ca. 8:00 h zu erwarten ist und somit erhöhte konditionelle Anforderungen bestehen.

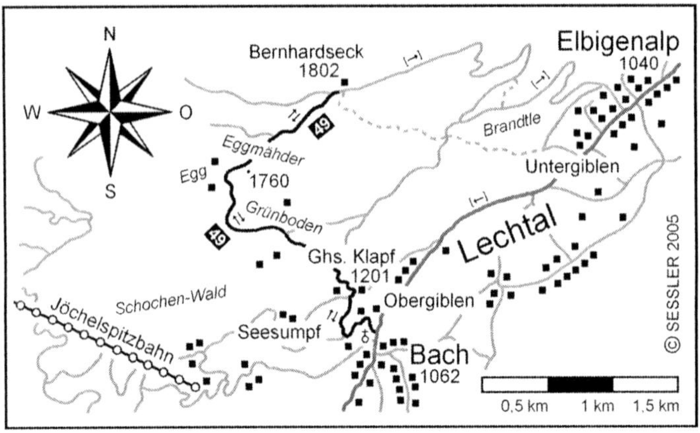

Hauptroutennetz Bernhardseck T 49

O 49 Bernhardseck (1802 m) via Wiesenweg
ab Bach

Gehzeit:

Aufstieg 2:30 h, Abstieg 1:30 h

Höhendifferenzen:

+ 139 hm Bach - Gasthaus Klapf
+ 601 hm Gasthaus Klapf - Bernhardseck

Haupt-Stützpunkte:

Bach (1062 m, priv. bew. Gasthäuser)
Gasthaus Klapf (1201 m, priv. bew.)
Gasthaus Bernhardseck (1802 m, priv. bew.)

Anreise:

Auf der Straße 198 südlich der Allgäuer Alpen ins Lechtal (u.a. über Reutte) und bis Bach (Parkplatz). Linienbus im Lechtal.

2 Teils steilerer Aufstieg auf schmalen Wegen zu einem Aussichtspunkt (Grasberg mit Gasthaus) über dem *Lechtal*. Kartenskizze S. 76. **Infoblock:** ⇨ von der Kirche (bei der Lechbrücke) in *Bach / Obergiblen* nordwestlich zum Ghs. *Klapf* (abkürzender Weg oder etwas länger über *Seesumpf*) ⇨ steiler nördlich aufwärts und dann nach links über den *Grünboden* ⇨ in einem Bogen via *Egg* (1755 m) und *Eggmähder* bis zum *Bernhardseck* über dem nordseitig gelegenen *Bernhardstal*. **Alternativen:** a. von der Bergstation (1760 m) der *Jöchelspitzbahn* auf dem *Alpenrosensteig* (1:45 h) über

Krinnenspitze von Nesselwängle

Bad Kissinger Hütte vor dem Aggenstein

Lachenkopf (1945 m) und *Gibler Bach* zum *Bernhardseck*; b. von der Bergstation der *Jöchelspitzbahn* auf dem *Lechtaler Panoramaweg* (2:30 h) über *Lachenkopf* (1945 m), *Jöchelspitze* (2226 m) und *Rothornjoch* (2158 m) zum *Bernhardseck*; c. Talaufstieg (2:30 h) von *Elbigenalp / Untergiblen* (1040 m, Parkplatz, Bus) bzw. entsprechende Rundtour (im Bereich des *Lechtals* evtl. kurzzeitige Straßenbenutzung beim Übergang nach / von *Bach* notwendig).

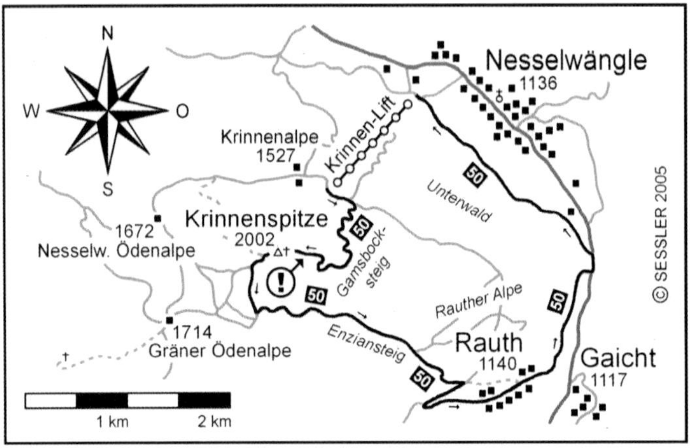

Hauptroutennetz Krinnenspitze T 50

● 50 Krinnenspitze (2002 m) via Gamsbocksteig

ab Krinnen-Lift (Nesselwängle)

Gehzeit:

Gesamtgehzeit (Rundtour) 3:45 h

Höhendifferenzen:

+	458 hm	Bergstation - Krinnenspitze
–	862 hm	Krinnenspitze - Rauth
–	004 hm	Rauth - Talstation (Nesselwängle)

Haupt-Stützpunkte:

Nesselwängle (1136 m, priv. bew. Gasthäuser)
Rauth (1140 m, priv. bew. Gasthäuser)

Anreise:

Auf der Straße 199 ins Tannheimer Tal (u.a. über Schattwald oder Weißenbach am Lech) und bis Nesselwängle (Parkplatz am Krinnen-Lift). Linienbus im Tannheimer Tal.

2 Bergtour mit steileren und felsigen Einzelstellen im oberen Bereich, wo der Gipfelgrat abbricht. Sehr lohnender Tiefblick zum *Haldensee* (1124 m) bzw. hinüber zur Bergwelt um die *Rote Flüh* (2108 m). Kartenskizze S. 78.

DETAILBESCHREIBUNG Konditionsstarke Geher können auf die Nutzung des *Krinnen-Lifts* verzichten und steigen dementsprechend steil aus dem *Tannheimer Tal* (+ 408 hm, + 1:20 h) vom nördlichen Ende des Orts *Nesselwängle* in den Bereich *Krinnenalpe* (1527 m) bzw. zur Bergstation des Sessellifts (1544 m) auf. Wir wählen im Hinblick auf die konditionellen Anforderungen eine "mittlere" Variante und nutzen den *Krinnen-Lift* zur Abkürzung des Zustiegs. An der Bergstation halten wir uns links und folgen zunächst auf einem Fahrweg der Beschilderung "*Gamsbocksteig*". In der Nähe eines kleinen Betongebäudes geht es schließlich auf einem Bergpfad steiler aufwärts.
Ein steiniger Weg, der stellenweise mit viel Geröll bedeckt ist, führt uns in die Latschenzone hinein. Eine unscheinbare Rinne ist im oberen Bereich zu queren und letztendlich zieht der Steig links am Felsaufbau vorbei auf die östliche Schulter des Berges. Im Südosten wird der Tiefblick in den Talkessel frei und auch die *Gaichtspitze* (1986 m) mit ihrem Verbindungsgrat zum *Hahnenkamm* (1938 m) ist rückwärtig bestens zu bewundern.
Nach einem kurzen schrofigen Abschnitt führt uns der Pfad in Wiesenhängen weiter empor. Schließlich nähern wir uns den nördlichen Abstürzen, wo drei weitere steile (felsige) Stellen mit einer Sicherungskette warten. Da sie sich unmittelbar neben der Abbruchkante befinden, ist entsprechende Vorsicht geboten!
Das Gipfelkreuz wird erreicht und die *Krinnenspitze* präsentiert sich als erstklassiger Aussichtsberg. Im Norden blicken wir direkt über das *Tannheimer Tal* zur *Roten Flüh*, wo u.a. auch der *Friedberger Klettersteig* T 55 verläuft. Zudem gibt es einen schönen Tiefblick zum dunkel gefärbten *Haldensee*. Auf der gegenüberliegenden Seite erwartet uns das Kerngebiet der *Allgäuer Alpen*, das auch hier (genau im Südwesten) vom deutlich erkennbaren *Hochvogel* (2592 m) T 44 / T 45 dominiert wird.
Wir steigen südwestlich zum Wegweiser hinab und gehen kurzzeitig in Richtung *Gräner Ödenalpe* (1714 m). In einem kleinen Sattel gibt es einen weiteren Wegweiser und wir wenden uns linker Hand dem *Enziansteig* nach *Rauth* zu, der im Wiesengelände abwärts führt. Schon bald werden alte Almlagerhütten passiert und wir erreichen die ersten Bäume. Bei einer tiefer gelegenen Hütte überschreiten wir einen Bach und der Weg wird breiter.
Wir passieren einen Abzweig zur Bergstation des *Krinnen-Lifts* (links, von dieser Stelle 0:50 h) und bewegen uns nun im dichteren Wald, wo der Pfad wieder schmaler wird und mit Geröll bedeckt ist. Schließlich treffen wir auf einen guten Fahrweg, der von der *Rauther Alpe* kommt und rechts (als bequemste Alternative) gemächlich nach *Rauth* hinab führt.

Im Ortsteil *Rauth* gehen wir auf einer asphaltierten Straße nördlich abwärts zur Hauptstraße im *Tannheimer Tal*, wo sich eine Bushaltestelle (Nutzung des Busses nach *Nesselwängle* möglich) befindet. Der nahezu ebene Fußweg (ab hier noch ca. 0:45 h bis 1:00 h) zieht wieder von der Straße weg und folgt der *Nesselwängler Ache* bis zur Talstation, wo die Bergtour beendet ist.
Abschließend sei noch erwähnt, dass auch im oberen Gipfelbereich eine Rundtour über die *Nesselwängler Ödenalpe* (1672 m) und die *Krinnenalpe* (1527 m) zurück zur Bergstation (evtl. Talfahrt) möglich ist.

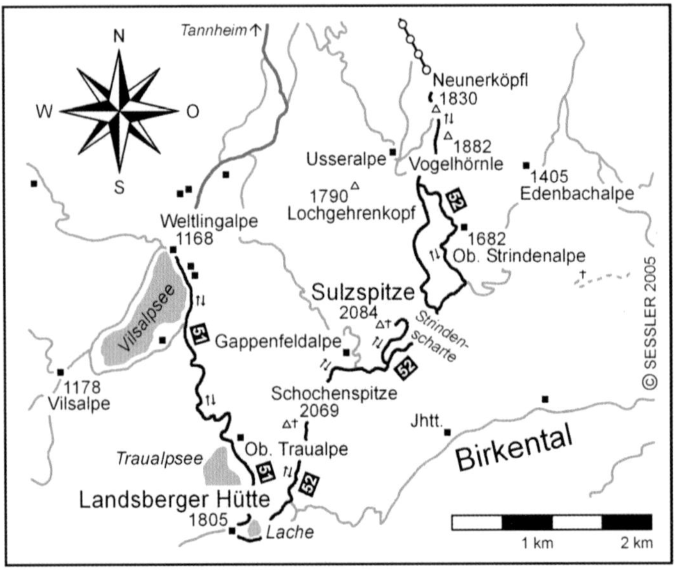

Hauptroutennetz Landsberger Hütte / Sulzspitze T 51 - T 52

○ 51 Landsberger Hütte (1810 m)
ab Vilsalpsee

Gehzeit:

Aufstieg 2:00 h, Abstieg 1:30 h

Höhendifferenzen:

+ 484 hm Vilsalpsee - Traualpsee
+ 161 hm Traualpsee - Landsberger Hütte

Haupt-Stützpunkte:

Weltlingalpe am Vilsalpsee (1168 m, priv. bew.)
Landsberger Hütte (1810 m, DAV S. 93)

Anreise:

Auf der Straße 199 ins Tannheimer Tal (u.a. über Schattwald oder Weißenbach am Lech) und bis Tannheim. Weiter ins Vilsalptal und zum Vilsalpsee (Parkplatz). Diese Zufahrt ist jedoch von 10:00 bis 17:00 Uhr für den öffentlichen Verkehr gesperrt. Pendelbus ab Tannheim (Parkplatz am Ortsrand). Linienbus im Tannheimer Tal.

2 Kurzer und stark frequentierter Hüttenzustieg im Bereich zweier Bergseen auf teils steileren, steinigen Wegen. Kartenskizze S. 80. **Infoblock:** ⇨ am linken (östlichen) Ufer des unter Naturschutz stehenden und ca. 16 km² großen *Vilsalpsees* (1165 m) entlang ⇨ nach Süden und (teils felsig) hinauf zur *Oberen Traualpe* und dem *Traualpsee* (1631 m) ⇨ auf zunächst gutem Weg am See weiter bis zum letzten steilen und felsigen Aufstieg bei der *Lache* ⇨ zum Kamm und zur *Landsberger Hütte* unter der Nordwand der *Lachenspitze* (2126 m). **Alternative:** u.a. Zugang über den Höhenweg T 52 von der Bergstation (1782 m) des *Neunerköpfllifts* mit Optionen auf *Neunerköpfl* (1830 m), *Sulzspitze* (2084 m) und *Schochenspitze* (2069 m).

O 52 Sulzspitze (2084 m), Schochenspitze (2069 m) und Landsberger Hütte (1810 m)
ab Neunerköpfl

Gehzeit:

Übergangszeit 3:00 h

Höhendifferenzen:

–	148 hm	Neunerköpfl - Obere Strindenalpe
+	402 m	Obere Strindenalpe - Sulzspitze
–	015 hm	Sulzspitze - Schochenspitze
–	259 hm	Schochenspitze - Landsberger Hütte

Haupt-Stützpunkte:

Tannheim (1097 m, priv. bew. Gasthäuser)
Landsberger Hütte (1810 m, DAV S. 93)

Anreise:

Auf der Straße 199 ins Tannheimer Tal (u.a. über Schattwald oder Weißenbach am Lech) und bis Tannheim (Parkplatz am Neunerköpfllift). Linienbus im Tannheimer Tal.

2 Beliebter Höhenweg mit kurzen steinigen Stellen und verschiedenen Gipfeln, die eine sehr gute Aussicht u.a. auf den *Vilsalpsee* (1165 m) bieten. Kartenskizze S. 80. **Infoblock:** ⇨ Auffahrt mit dem Lift und von der Bergstation (1782 m), der Beschilderung folgend, über eine Stufe kurz auf das *Neunerköpfl* (1830 m) ⇨ weiter nach Süden am *Vogelhörnle* (1882 m) vorbei

⇨ bald in den Osthängen entweder botanisch lohnend (Orchideen) mittels Zwischenabstieg über die *Obere Strindenalpe* (1682 m) oder auch auf dem höheren (direkten) Weg zur *Strindenscharte* ⇨ an der *Sulzspitze* vorbei und am Abzweig (quasi rückwärtig) zum Gipfel hinauf ⇨ zurück zum Abzweig und westlich hinüber zur *Gappenfeldscharte* ⇨ in den Hängen ansteigend zur *Schochenspitze* (kurz zuvor etwas steiniger) und von der östlichen Schulter schnell zum Gipfel ⇨ hinab zur *Lache* und an dieser vorbei zur *Landsberger Hütte* unter der *Lachenspitze* (2126 m). **<u>Alternative:</u>** u.a. Zustieg zur *Landsberger Hütte* T 51 vom *Vilsalpsee* (Pendelbus, Parkplatz mit temporär gesperrter Zufahrtsstraße) bei *Tannheim* über den *Traualpsee* (1631 m).

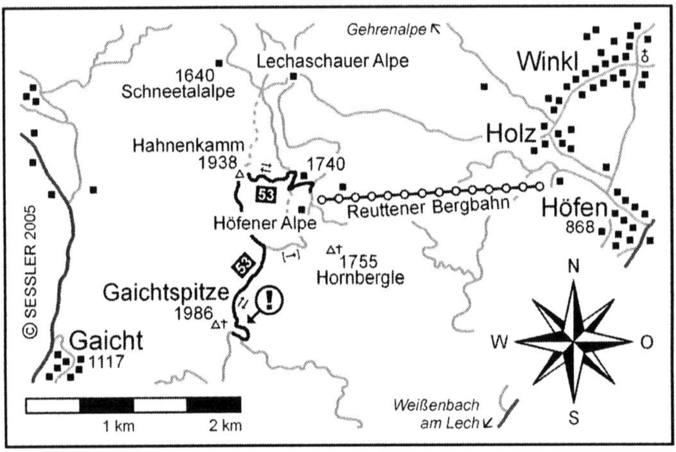

Hauptroutennetz Hahnenkamm / Gaichtspitze T 53

O 53 Hahnenkamm (1938 m) und Gaichtspitze (1986 m)
ab Reuttener-Bergbahn

<u>Gehzeit:</u>

Aufstieg 1:30 h, Abstieg 1:00 h

<u>Höhendifferenzen:</u>

+ 198 hm Bergstation - Hahnenkamm
+ 048 hm Hahnenkamm - Gaichtspitze

<u>Haupt-Stützpunkte:</u>

Höfen (868 m, priv. bew. Gasthäuser)
Bergstation / Rest. Reuttener-Bergbahn (1740 m, priv. bew.)

Hahnenkamm und Gaichtspitze (rechts) vom Enziansteig bei Rauth

Anreise:

Auf der Straße 198 (u.a. über Reutte oder aus dem Tannheimer Tal) bis Höfen (Parkplatz an der Reuttener-Bergbahn). Linienbus im Lechtal.

2+ Problemloser Aufstieg zum *Hahnenkamm* mit Funkturm. Jedoch anspruchsvollerer Übergang zur *Gaichtspitze* (steiler, teils gesicherter Felsaufschwung) für Geher mit etwas Übung und adäquater Trittsicherheit. Kartenskizze S. 82. **Infoblock:** ⇨ Auffahrt mit der Seilbahn und von der Bergstation, der Beschilderung folgend, nach Nordwesten ⇨ direkt auf den *Hahnenkamm* ⇨ im Bereich des Verbindungsgrats nach Süden ⇨ durch eine steile und felsige (teils gesicherte) Passage ⇨ zum Gipfel der aussichtsreichen *Gaichtspitze* über dem *Tannheimer Tal* bzw. *Lechtal*. **Alternativen:** a. Abstieg vom Grat direkt nach Osten zur Bergstation; b. diverse Talaufstiege (bzw. -abstiege) u.a. von *Nesselwängle* (1136 m, im Aufstieg + 2:00 h, + 604 hm) über die *Schneetalalpe* (1640 m) oder von *Holz* bei *Höfen* (940 m, im Aufstieg + 2:30 h, + 800 hm) über die *Gehrenalpe* (1611 m), den *Alpenrosenweg* und die *Lechaschauer Alpe* (auch als Rundtour unter Einbeziehung der Bergbahn).

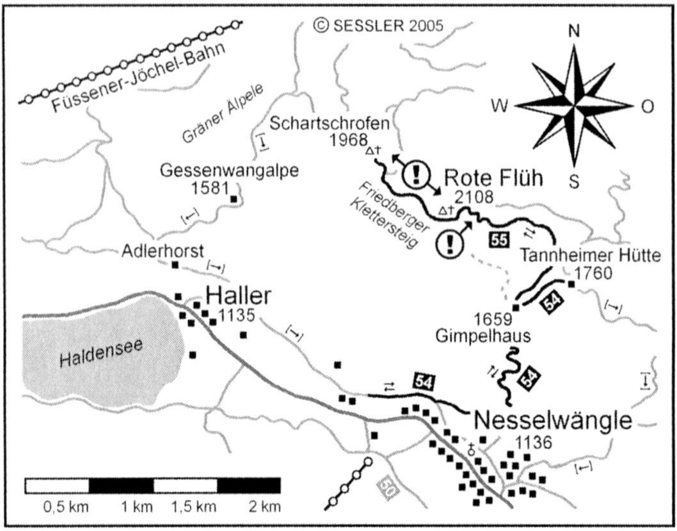

Hauptroutennetz Gimpelhaus / Friedberger Klettersteig T 54 - T 55

O **54 Gimpelhaus (1659 m) und Tannheimer Hütte (1760 m)**
ab Nesselwängle

Gehzeit:

Aufstieg 2:00 h, Abstieg 1:15 h

Höhendifferenzen:

\+ 523 hm Nesselwängle - Gimpelhaus
\+ 101 hm Gimpelhaus - Tannheimer Hütte

Haupt-Stützpunkte:

Nesselwängle (1136 m, priv. bew. Gasthäuser)
Gimpelhaus (1659 m, priv. bew.)
Tannheimer Hütte (1760 m, DAV S. 93)

Anreise:

Auf der Straße 199 ins Tannheimer Tal (u.a. über Schattwald oder Weißenbach am Lech) und bis Nesselwängle (Parkplatz unmittelbar am westlichen Ortseingang). Linienbus im Tannheimer Tal.

2 Kurzer Hüttenzustieg mit steilen Serpentinen zu den beiden Stützpunkten im Bannkreis der *Roten Flüh* (2108 m). Kartenskizze S. 84. **Infoblock:** ⇨ vom Parkplatz, der Beschilderung folgend, kurz rechts und bald in steilen Serpentinen

(teils künstlich gestuft) durch den Hochwald ⇨ schnell an Höhe gewinnend zum *Gimpelhaus* mit sehr guter Sicht ins *Tannheimer Tal* inklusive *Haldensee* (1124 m) und zu den Abstürzen der *Roten Flüh* ⇨ auf dem Verbindungsweg mit relativ geringer Höhendifferenz zur *Tannheimer Hütte*. **Alternativen:** a. Abstecher (felsig, steil) von einer der Hütten zur *Nesselwängler Scharte* (2007 m); b. Rundtour mit östlichem Abstieg von der *Tannheimer Hütte* nach *Nesselwängle*.

O 55 Rote Flüh (2108 m) und Schartschrofen (1968 m) via Friedberger Klettersteig

ab Gimpelhaus

Gehzeit:

Aufstieg 2:45 h, Abstieg 2:15 h

Höhendifferenzen:

\+ 449 hm Gimpelhaus - Rote Flüh
− 286 hm Rote Flüh - Gelbe Scharte
\+ 146 hm Gelbe Scharte - Schartschrofen

Haupt-Stützpunkt:

Gimpelhaus (1659 m, priv. bew.)

Anreise:

Vorheriger Zustieg zum Gimpelhaus u.a. aus dem Tannheimer Tal von Nesselwängle T 54.

3
K

Sehr lohnender Klettersteig (als solcher nur mäßig schwierig) für Geübte mit adäquater Trittsicherheit, Kondition und Schwindelfreiheit. Sicherungen auch im Aufstieg zur *Roten Flüh*. Kartenskizze S. 84. **Infoblock:** ⇨ vom *Gimpelhaus* in einem Bogen zur *Judenscharte* zwischen *Roter Flüh* und dem benachbarten *Gimpel* (2173 m) ⇨ teils gesichert und künstlich gestuft zum Gipfel der *Roten Flüh* ⇨ Abstieg auf dem *Friedberger Klettersteig* in Richtung der *Gelben Scharte* (felsig, teils gesichert) u.a. kurz senkrecht an Eisenbügeln in eine Rinne ⇨ über ein luftiges Gratstück und letztendlich zum Gipfel des *Schartschrofen* mit schönem Tiefblick auf den *Haldensee* (1124 m) im *Tannheimer Tal*. **Alternativen:** a. Abstieg vom *Schartschrofen* nach *Nesselwängle* (1136 m, Parkplatz, Bus) u.a. über das priv. bew. Ghs. *Adlerhorst* mit der Option auf eine Rundtour (bei vorherigem Aufstieg zum *Gimpelhaus* von *Nesselwängle* T 54); b. Einbeziehung der *Füssener-Jöchl-Bahn*; c. weitere Varianten, wie etwa ein Zustieg durch das *Raintal* über die *Musauer Alm*. **Tipp:** weitere (leichte bis mäßig schwierige) Klettersteige in den nördlichen Alpen sind in dem auf S. 96 empfohlenen Buch zu finden.

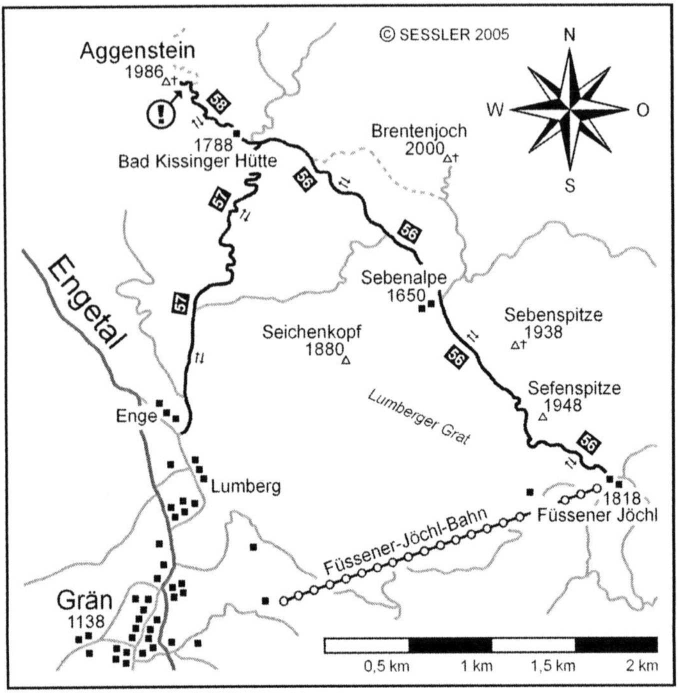

Hauptroutennetz Bad Kissinger Hütte / Aggenstein T 56 - T 58

● **56 Bad Kissinger Hütte (1792 m, ehemals Pfrontner Hütte) via Tannheimer Höhenweg**
ab Füssener Jöchl

Gehzeit:

Übergangszeit 2:00 h

Höhendifferenzen:

– 168 hm Füssener Jöchl - Sebenalpe
+ 142 hm Sebenalpe - Bad Kissinger Hütte

Haupt-Stützpunkte:

Bergstation / Rest. Sonnenalm (1818 m, priv. bew.)
Bad Kissinger Hütte (1792 m, DAV S. 93)

Anreise:

Auf der Straße 199 ins Tannheimer Tal (u.a. über Schattwald oder Weißenbach am Lech) und bis Grän (Parkplatz an der Füssener-

Jöchl-Bahn). Linienbus im Tannheimer Tal.

2 Höhenweg (mit steinigen Abschnitten) unterhalb von *Sefenspitze* (1948 m) und *Lumberger Grat* zu einer beliebten und aussichtsreichen Alpenvereins-Hütte. Kartenskizze S. 86.

DETAILBESCHREIBUNG Konditionsstarke Geher wählen den individuellen Aufstieg von der Talstation (1203 m, Parkplatz) zur Bergstation der *Füssener-Jöchl-Bahn*, welcher südöstlich zunächst dem *Logbach* und somit auch der Seilbahntrasse weitläufig folgt (+ 620 hm, + 2:00 h). Ein weiterer Startpunkt wäre z.B. auch die *Otto-Mayr-Hütte* (1530 m, DAV), von der aus das *Füssener Jöchl* über das *Raintaler Joch* (unterhalb der *Läuferspitze*) zu erreichen ist (+ 290 hm, + 1:00 h).
Da wir am Ende der Tour noch die optionale Besteigung des *Aggensteins* (1986 m, für Geübte) T 58 ins Auge fassen können, entscheiden wir uns für die Bergfahrt mit der Seilbahn (Kleinkabinen-Umlaufbahn) ab *Grän* und gelangen bequem zum *Füssener Jöchl.* Hier eröffnet sich im Norden bereits ein beeindruckender Blick ins Alpenvorland - im Süden befindet sich die *Läuferspitze* (1956 m) und dahinter die Gruppe aus *Schartschrofen* (1968 m), *Roter Flüh* (2108 m) und *Gimpel* (2173 m).
Wir folgen am *Jöchl* dem Wegweiser Richtung *Bad Kissinger Hütte* bzw. *Aggenstein* und gelangen somit auf den *Tannheimer Höhenweg* (auch *Gräner Höhenweg* genannt). Der Pfad führt ein Stück schrofig aufwärts und es wird auch der Tiefblick ins *Tannheimer Tal* und die Fernsicht zum Kerngebiet der *Allgäuer Alpen* möglich. Kurze Zeit später gilt es, eine kleine Steilstufe zu überwinden, die auf den westlichen Ausläufer der *Sefenspitze* (1948 m) leitet - unterhalb dieser Stelle geht links ein verwachsener Pfad auf den *Lumberger Grat* ab (die richtige Wegführung ist leicht zu verfehlen, da der Wegweiser ungünstig steht).
Nun steigen wir in einem Hang auf der rechten Seite des großen, nach Nordwesten offenen Kessels mäßig steil (steinig) abwärts, wobei links die Aussicht auf den *Lumberger Grat* dominiert. Im Nordosten (über uns) befindet sich die *Sebenspitze* (1938 m). Bald ist die *Sebenalpe* (1650 m) erreicht und der Weg wird besser. Zudem ist bereits ein schöner Blick auf den *Aggenstein* möglich.
Da bei der Alpe schon der tiefste Punkt unserer Tour überschritten wurde, geht es nun wieder im lichten Wald aufwärts und es lohnt der Rückblick auf die Bergumrahmung, welche von den erwähnten Kämmen bzw. Gipfeln gebildet wird. Besonders gut lassen sich auch die nördlichen Abstürze des *Seichenkopfes* (1880 m) an der nordwestlichen Spitze des *Lumberger Grats* bewundern. Wir passieren einen ersten Abzweig nach *Grän* und müssen bei einem Einschnitt wenige Schritte auf etwas glattem Fels zurücklegen.
Noch vor dem Schlussanstieg zur *Bad Kissinger Hütte* eröffnet sich zu beiden Seiten eine grandiose Aussicht mit sehr schönen Tiefblicken. Wir lassen den zweiten Abzweig nach *Grän* hinter uns und erreichen (etwas steiler) das Ziel des Höhenwegs am Gipfelstock des *Aggensteins*, dessen weitere Besteigung (für Geübte) T 58 im oberen Bereich leichte Kletterei erfordert.

Zum Abstieg von der Hütte empfiehlt sich der direkte Weg aus *Grän* (*Enge*) T 57 in umgekehrter Gehrichtung. Der Verbindungsweg zur Talstation der *Füssener-Jöchl-Bahn* ist im Ort für Fußgänger ausgewiesen.

O 57 Bad Kissinger Hütte (1792 m, ehemals Pfrontner Hütte) via Seebach

ab Enge

Gehzeit:

Aufstieg 2:00 h, Abstieg 1:15 h

Höhendifferenz:

\+ 573 hm Enge / Grän - Bad Kissinger Hütte

Haupt-Stützpunkte:

Grän (1138 m, priv. bew. Gasthäuser)
Bad Kissinger Hütte (1792 m, DAV S. 93)

Anreise:

Auf der Straße 199 ins Tannheimer Tal (u.a. über Schattwald oder Weißenbach am Lech) und bis Grän. Weiter Richtung Pfronten bis Enge (Parkplatz am Hüttenaufstieg). Linienbus im Tannheimer Tal.

Tannheimer Berge vom Aggenstein

2– Direkter Hüttenzustieg im relativ dichten Hochwald unter dem *Seichenkopf* (1880 m). Auf gutem Steig zu einer beliebten und aussichtsreichen Alpenvereins-Hütte. Kartenskizze S. 86. **Infoblock:** ⇨ vom Parkplatz *Enge* (1219 m, als Parkplatz der Hütte ausgewiesen) bei *Grän*, den Wegweisern folgend, zunächst auf Forststraßen aufwärts ⇨ im Wald auf einen Steig (etwas steiler) und im Bereich der Materialseilbahn weiter empor ⇨ auf Stegen über einen großen Bach (*Seebach*) und zwei Zuflüsse ⇨ in Kehren am *Seichenkopf* vorbei bis zum Grat ⇨ hier links nochmals steiler zur *Bad Kissinger Hütte*. **Alternativen:** a. Zugang über den *Tannheimer Höhenweg* T 56 vom *Füssener Jöchl*; b. teils etwas schwierigere Zustiegsmöglichkeiten aus Norden bzw. Nordwesten u.a. von *Vils* (826 m) über die *Vilser Alpe* (1224 m), von den Stationen der *Breitenberg-Bahn* (850 m bzw. 1500 m) mit besonderer Vorsicht am "*Bösen Tritt*" oder von der *Fallmühle* (928 m) über den westlichen Grat des *Breitenbergs* (1838 m) mit besonderer Vorsicht am "*Langen Strich*" zur Schulter des benachbarten *Aggensteins* (1986 m).

● 58 Aggenstein (1986 m) via Ostschulter

ab Bad Kissinger Hütte

Gehzeit:

Aufstieg 0:45 h, Abstieg 0:30 h

Höhendifferenz:

\+ 194 hm Bad Kissinger Hütte - Aggenstein

Haupt-Stützpunkt:

Bad Kissinger Hütte (1792 m, DAV S. 93)

Anreise:

Vorheriger Zustieg zur Bad Kissinger Hütte u.a. über den Tannheimer Höhenweg T 56 oder auch von Enge / Grän T 57.

2+ Kurze Tour auf einen beliebten Gipfel in leichter Kletterei (Sicherungskette) für Geübte mit adäquater Trittsicherheit. Schöne Tiefblicke ins *Tannheimer Tal* und auch ins *Alpenvorland*. Kartenskizze S. 86.

DETAILBESCHREIBUNG Wir folgen an der *Bad Kissinger Hütte* dem Wegweiser zum *Aggenstein* und müssen uns quasi an dem Gebäude vorbei "quetschen", um den eigentlichen Pfad zu erreichen. Hier erwartet uns zunächst ein typischer (mäßig steiler) Bergsteig mit etwas Geröll, der durch Steilwiesen führt und insofern nur leicht ausgesetzt ist. Linker Hand gibt es schöne Tiefblicke ins *Tannheimer Tal* - zudem ist die Fernsicht in das Kerngebiet der *Allgäuer Alpen* nicht zu verachten. Das Gipfelkreuz kann ebenfalls ausgemacht werden.

Die Wegspuren führen nun in Serpentinen rechts empor auf die Schulter des Berges, wo der schwierigere Teil des Aufstiegs beginnt. Eine Felspassage (Stellen I) mittlerer Länge wartet auf die Begehung. Wir steigen steil aufwärts (leichte Kletterei) und nutzen hierbei die durchgehend gespannte Sicherungskette als Hilfsmittel. Nach einem Richtungswechsel erreichen wir bald den Gipfel, der von beachtenswerten Abstürzen umgeben ist.
Die Aussicht vom *Aggenstein* ist sehr lohnend, denn der Berg bietet zum einen die bereits erwähnte Sicht zum Hauptkamm der *Allgäuer Alpen* über dem *Tannheimer Tal* und zum anderen den unverstellten und besonders reizvollen Tiefblick ins *Alpenvorland* u.a. mit dem großen *Forggensee*. Im Südosten sind zudem die hohen Gipfel der *Tannheimer Gruppe* und auch der Verlauf des *Tannheimer Höhenwegs* T 56 gut zu erkennen.
Von der im Aufstieg tangierten Schulter des *Aggensteins* gibt es eine direkte Übergangsmöglichkeit (mit besonderer Vorsicht am "*Langen Strich*") zum benachbarten *Breitenberg* (1838 m) und der priv. bew. *Ostlerhütte* (1838 m).

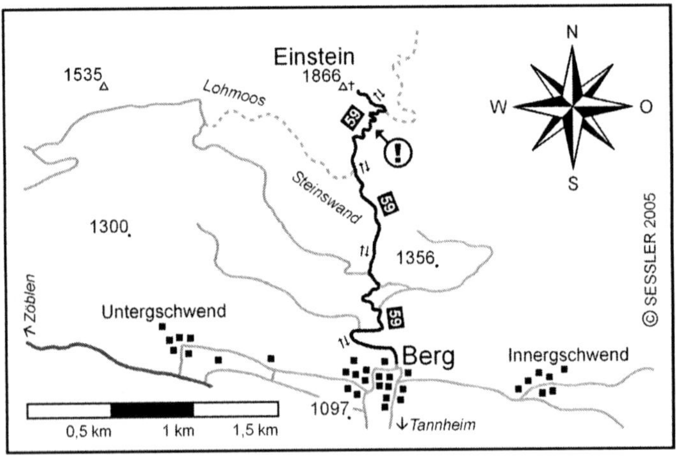

Hauptroutennetz Einstein T 59

O 59 Einstein (1866 m)
ab Berg

Gehzeit:

Aufstieg 2:30 h, Abstieg 1:45 h

Höhendifferenz:

\+ 769 hm Berg / Tannheim - Einstein

Haupt-Stützpunkt:

Berg / Tannheim (1097 m, priv. bew. Gasthäuser)

Anreise:

Auf der Straße 199 ins Tannheimer Tal (u.a. über Schattwald oder Weißenbach am Lech) und bis nach Tannheim (Parkplatz). Zur unmittelbar nördlich (an der Berger Ache) gelegenen Siedlung Berg (wenige Parkplätze). Linienbus im Tannheimer Tal.

2 Bergtour auf einen typischen "Kraxelberg" (Stellen I) im teils steilen und felsigen Gelände, die im oberen Bereich besondere Trittsicherheit und entsprechende Vorsicht an den Abstürzen des kleinen Gipfelplateaus erfordert. Unverstellte und sehr lohnende Aussicht auch ins Tiefland. Kartenskizze S. 90. **Infoblock:** ⇨ von der Siedlung *Berg* (bzw. von *Tannheim* über *Berg*) zunächst auf breitem Weg über Wiesen in nördliche Richtung ⇨ der Beschilderung folgend weiter aufwärts ⇨ auf dem Steig letztlich über eine Steilflanke mit felsigen Abschnitten zum Grat, der sich vom *Einstein* zum östlich gelegenen *Rappenschrofen* (1551 m) zieht ⇨ links über eine Stufe und den felsigen Rücken zum Gipfelkreuz des alleinstehenden (und somit besonders reizvollen) Berges mit freier Sicht (ähnlich dem *Aggenstein* T 58) nach allen Seiten.

O 60 Ponten (2045 m) via Stuibental

ab Schattwald

Gehzeit:

Aufstieg 3:00 h, Abstieg 2:00 h

Höhendifferenzen:

+ 323 hm Schattwald - Mittlere Stuibenalpe
+ 642 hm Mittlere Stuibenalpe - Ponten

Haupt-Stützpunkte:

Schattwald (1080 m, priv. bew. Gasthäuser)
Jausenstation Stuibenalpe (1403 m, priv. bew.)

Anreise:

Auf den Straßen B 308, B 310 bzw. der 199 zum nordwestlichen Eingang des Tannheimer Tals und nach Schattwald (Parkplatz am Wannenjochlift). Linienbus im Tannheimer Tal.

2 Beliebte Tour (im oberen Bereich teils steinige Bergsteige) auf einen, zwischen *Ostrachtal* und *Tannheimer Tal* gelegenen, Gipfel mit sehr guter Aussicht in die zentralen *Allgäuer Alpen* (von Nordosten). Kartenskizze S. 92. **Infoblock:** ⇨ vom Parkplatz am *Wannenjochlift* (bald links des Baches), der Beschilderung

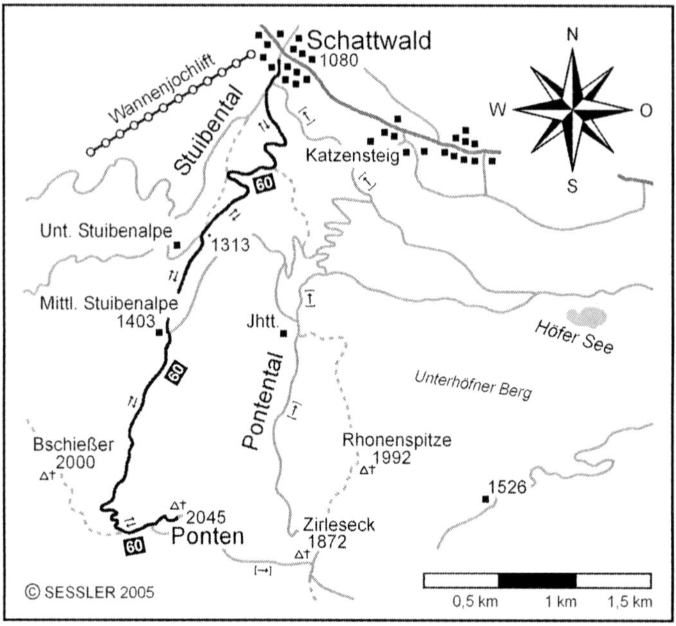

Hauptroutennetz Ponten T 60

folgend, ins *Stuibental* ⇨ auf einem Fahrweg bzw. dem abkürzenden Zwischenweg zur *Mittleren Stuibenalpe* ⇨ hinauf in ein Kar und zum Verbindungsgrat zwischen *Bschießer* (2000 m) und *Ponten* ⇨ links (östlich) weiter zum Gipfel. **Alternative:** Rundtour (+ 0:30 h) mit Übergang (steil, felsig) zum *Zirleseck* (1872 m) und weiterem Abstieg westlich (unterhalb) der *Rhonenspitze* (1992 m) ins *Pontental*, welches weitgehend parallel zum *Stuibental* verläuft und somit ebenfalls in den Bereich *Schattwald* führt. Die Überschreitung der *Rhonenspitze* ist anspruchsvoller (leichte Kletterei über Felsstufen, Stellen I).

Bewirtschaftete Hütten des Alpenvereins (im Bereich der Touren)

Bitte beachten Sie, dass je nach Aufenthaltsort u.U. die Landesvorwahl weggelassen werden muss und der Ortsvorwahl eine "0" voranzustellen ist. Die angegebenen Informationen können sich saisonal ändern.

Bad Kissinger Hütte, 1792 m [DAV Bad Kissingen] T 56 - 58
10 Betten / 55 Lager, bew. im Sommer ca. Mitte Mai bis Ende Oktober,
☎ 0043/676/3731166 (Hütte), www.dav-kg.de

Edmund-Probst-Haus, 1929 m [DAV Allgäu-Immenstadt] T 35 - 37
54 Betten / 54 Lager, bew. im Sommer ca. Pfingsten bis Mitte Oktober,
☎ 0049/8322/4795 (Hütte), www.dav-allgaeu-immenstadt.de

Fiderepasshütte, 2067 m [DAV Oberstdorf] T 13 - 15
10 Betten / 99 Lager, bew. im Sommer ca. Ende Mai bis Mitte Oktober,
☎ 0049/8322/700151 (Hotline), www.fiderepasshuette.de

Hermann-von-Barth-Hütte, 2131 m [DAV Düsseldorf] T 33, 48
0 Betten / 65 Lager, bew. im Sommer ca. Mitte Juni bis Anf. Oktober,
☎ 0043/5634/6671 (Hütte), www.hermann-von-barth.at

Kemptner Hütte, 1844 m [DAV Allgäu-Kempten] T 27, 28, 31 - 33
100 Betten / 190 Lager, bew. im Sommer ca. Mitte Juni bis Mitte Oktober,
☎ 0049/8322/700152 (Hotline), www.kemptner-huette.de

Landsberger Hütte, 1810 m [DAV Landsberg] T 51, 52
30 Betten / 170 Lager, bew. im Sommer ca. Pfingsten bis Mitte Oktober,
☎ 0043/5675/6282 (Hütte), www.tannheimertal.at/landsberg

Mindelheimer Hütte, 2058 m [DAV Mindelheim] T 15, 16, 23
0 Betten / 150 Lager, bew. im Sommer ca. Mitte Juni bis Mitte Oktober,
☎ 0049/8322/700153 (Hotline), www.mindelheimerhuette.de

Prinz-Luitpold-Haus, 1847 m [DAV Allgäu-Immenstadt] T 42, 43, 45
20 Betten / 260 Lager, bew. im Sommer ca. Anf. Juni bis Anf. Oktober,
☎ 0049/8322/700154 (Hotline), www.prinz-luitpoldhaus.de

Rappenseehütte, 2091 m [DAV Allgäu-Kempten] T 22 - 25
42 Betten / 300 Lager, bew. im Sommer ca. Mitte Juni bis Mitte Oktober,
☎ 0049/8322/700155 (Hotline), www.rappenseehuette.de

Schwarzwasserhütte, 1620 m [DAV Schwaben] T 02, 03, 05
41 Betten / 30 Lager, bew. im Sommer ca. Pfingsten bis Mitte Oktober,
☎ 0043/5517/30210 (Hütte), www.alpenverein-schwaben.de

Tannheimer Hütte, 1760 m [DAV Allgäu-Kempten] T 54
0 Betten / 18 Lager, bew. im Sommer ca. Ende Mai bis Ende Oktober,
☎ 0043/676/3423239 (Hütte), www.alpenverein-kempten.de

Waltenberger Haus, 2083 m [DAV Allgäu-Immenstadt] T 25, 26
6 Betten / 65 Lager, bew. im Sommer ca. Mitte Juni bis Anf. Oktober,
☎ 0049/8322/700156 (Hotline), www.dav-allgaeu-immenstadt.de

Stichwortverzeichnis

Die indexierten Begriffe wurden mit den entsprechenden Seitenzahlen (und nicht den Tourennummern) versehen.

Klettersteigführer

Leichte bis mäßig schwierige Klettersteige in Bayern und Tirol

von
Tobias Sessler

Books on Demand GmbH

ISBN 3-8334-0077-3

Lust auf: Alpspitze, Brünnstein, Kofel, Hundskopf, Lamsenspitze, Ettaler Manndl, Großer Pölven, Mittenwalder Klettersteig und verschiedene andere Routen? Die meisten der im Buch erfassten Steige entsprechen einer anspruchsvolleren Bergwanderung mit gesicherten Klettereien über Tritthilfen und die eine oder andere Leiter. Alle Touren befinden sich am nördlichen Alpenrand und sind somit schnell erreichbar.

Bestellbar in jeder Buchhandlung oder versandkostenfrei im Internet auf
www.klettersteige-online.de

Bergwanderungen, Gipfelziele und Höhenwege im Kaisergebirge

Wilder Kaiser, Zahmer Kaiser und Umgebung

von
Tobias Sessler

Books on Demand GmbH
Ab Sommer 2005 erhältlich!

Das Kaisergebirge gehört zweifelsfrei zu den schönsten Gebirgszügen der nördlichen Alpen. Das Buch beschreibt detailliert zahlreiche Touren in verschiedenen Schwierigkeiten - von einfachen Bergwanderungen bis hin zu mäßig schwierigen Klettersteigen. Scheffauer, Pyramidenspitze, Ellmauer Tor, Stripsenjoch, Kitzbüheler Horn und viele andere Ziele warten auf Ihren Besuch mit diesem Führer!

Bestellbar in jeder Buchhandlung oder versandkostenfrei im Internet auf
www.klettersteige-online.de